Dieser verdammte Kopf

Du bist stärker als die Panikattacke

von Mario Wilke

1. Auflage

©2023

Inhalt

Dieser verdammte Kopf 1

Du bist stärker als die Panikattacke 1

von Mario Wilke 1

Herzlich willkommen 1

Die Panikattacke 4

Was sind Panikattacken? 5

Panikattacken sind keine Seltenheit – die Panikattacke in Zahlen und Fakten 8

Daran erkennst du Panikattacken 10

Mögliche Gründe für Panikattacken 13

Du bist gefragt 20

Dein Tagebuch gegen Panikattacken 21

So sind die Panikattacken bei dir 24

So funktioniert die Überprüfung 25

Die Überprüfung 25

Auswertung 31

Langfristige Hilfe und wie du deinem Arzt helfen kannst 32

So kannst du deinem Arzt helfen 33

Langfristige Hilfe 35

Du bist stärker als die Panik 36

Atemtechniken 37

4 Sekunden *38*

4-7-8 Atmung *38*

Fokussierung *39*

5-4-3-2-1-Methode *40*

Frische Luft und Sport und Bewegung 41

Offene Worte 42

Positives entgegensetzen 43

Meditation 45

Die Erdmeditation *47*

Die richtigen Reize 51

Zitrone *52*

Chili *52*

Wasser *53*

Kieselsteine *54*

Gummi *54*

Lavendelöl *55*

Progressive Muskelentspannung 55

Die progressive Muskelentspannung als *57*

Sitzung *57*

Autogenes Training 61

Wärmeübung *63*

Yoga *66*

Der Baum *67*

Der herabschauende Hund *69*

Lebensmittel, die du aus dem Programm nehmen

solltest 70

Du bist es wert.. 73

Ein Zwiegespräch 77

Was geschehen soll, wird geschehen 79

Erste-Hilfe-Koffer 81

Waldbaden 83

Malen 87

    Mandalas 87

    Zentangle 89

Handarbeit und Heimwerken 91

Quellennachweis 95

Haftungsausschluss 99

Urheberrecht 100

Impressum 101

Herzlich willkommen

Liebe Leserin,

lieber Leser,

ich möchte dich herzlich willkommen heißen in meinem Buch zum Thema Panikattacken. Panikattacken, das ist ein Zustand, den man erlebt haben muss, um ihn wirklich nachvollziehen zu können. Keine Beschreibung kann einem Unwissenden deutlich machen, welche Qualen und Ängste man während einer Panikattacke aussteht. So erging es auch mir. Ich erinnere mich an meine erste Panikattacke sehr deutlich. Diese liegt ein paar Jahre zurück und ich wollte mit meiner Frau in den Urlaub fliegen. Wir haben unsere Plätze im Flugzeug eingenommen und plötzlich übermannte es mich. Mir brach der Schweiß aus, mein Herz raste wie wild und ich dachte, mein letztes Stündlein hätte geschlagen. Als ich die Hand vom Bein meiner Frau nahm, war dort ein Schweißabdruck meiner Hand auf ihrer Jeans zu sehen. Wie lange die Panikattacke gedauert hat, kann ich heute nicht mehr sagen. Es fühlte sich wie eine Ewigkeit an. Seitdem bekomme ich es immer mal wieder mit Panikattacken zu tun. Das ist mit ein Grund, warum ich mich beruflich auf das Thema

Stress und Panikattacken konzentriere. Ich wollte das nicht durchleben. Ich wollte nicht mehr leiden und das Gefühl bekommen, sterben zu müssen.

Im Laufe der Zeit und viele Fort- und Weiterbildungen später fand ich heraus, dass der Stress einen wesentlichen Faktor für Panikattacken darstellt. Stress, das ist etwas, vor dem ist niemand gefeit. Schon gar nicht in der heutigen, schnelllebigen Zeit. Auch ich nicht. Aus diesem Grund wandte ich mich verschiedenen Methoden zu, wie sich der Stress reduzieren lässt und wie sich das wiederum auf die Panikattacken auswirkt. In diesem Zusammenhang begriff ich, dass ich unter Flugangst leide. Noch heute steige ich ungern in ein Flugzeug. Doch die Flugangst von damals löste so viel Stress in mir aus, dass sich dieser wiederum in einer Panikattacke entlud. Und so trägt jeder seine Geschichte mit sich, wenn es um Panikattacken geht. Auch du wirst dein Bündel zu tragen haben. Welche Ursachen deine Panikattacken jedoch haben, ich möchte dir mit Rat und Tat zur Seite stehen. Denn du musst da nicht allein durch und du bist auch nicht allein. Gemeinsam können wir in diesem Buch verschiedene Strategien ausarbeiten, damit du bei der nächsten Panikattacke nicht ungeschützt dastehst. Du bekommst von mir mit diesem Buch eine Anleitung zur Hilfe, wie du dir selbst helfen kannst.

In diesem Buch möchte ich dir Hilfestellungen geben, wie du deine Panikattacken abmildern kannst. Außerdem erfährst du, was es mit Panikattacken auf sich hat und wie du dich selbst zur Wehr setzen kannst. Du kannst dieses Buch als eine Art Reise verstehen, deren Ziel es ist, dich besser kennenzulernen. Dieses Buch ist aber nicht als passives Lesebuch zu verstehen. Du wirst schnell dazu aufgefordert, aktiv zu werden. In deinem Interesse empfehle ich dir, dass du diese aktiven Bereiche nutzt und ausprobierst. Nur so kannst du am Ende optimal entscheiden, was dir guttut und was dir weniger guttut.

Bevor wir aber in dieses Buch starten, habe ich noch eine Bitte an dich. Wenn dir dieses Buch gefallen hat, dann hinterlasse mir doch eine Rezension. Auf diesem Weg erreichen mich auch Kritik und Anregungen, welche ich in meinen nächsten Buchprojekten umsetzen möchte.

Wenn du mehr über mich und meine Arbeit erfahren möchtest, dann besuche mich doch einmal im Internet unter:

https://www.mario-wilke.com/

Nun aber wünsche ich dir viele neue Erfahrungen und Erkenntnisse auf deinem Weg.

Dein Mario

Die Panikattacke

Gerade noch hattest du an einem Meeting teilgenommen, du bist in deinem Auto nach Hause gefahren oder du hast Gartenarbeit gemacht. Ohne jede Vorwarnung und scheinbar aus dem Nichts ging es los. Dein Herz hämmert in deiner Brust, als würde es aus deinem Brustkorb hüpfen wollen. Ist das ein Herzinfarkt? Luft, du brauchst Luft. Doch du bekommst keine Luft. Schweiß läuft aus allen Poren, du zitterst und alles um dich herum dreht sich. Das ist das Ende. So muss sich das Sterben anfühlen.

Nicht lange, ein paar Minuten nur, dann klingt alles ab. Dein Herzschlag normalisiert sich, deine Atmung wird ruhiger. Das Zittern lässt nach und der Schwindel ist auch überwunden. Jetzt bist du vollkommen erschöpft, müde und geschafft. Was war das?

Lebensbedrohlich, beängstigend und nachhaltig schockierend. So beschreiben viele Menschen eine Panikattacke, nachdem sie abgeklungen ist. Wie eine Urgewalt bäumt sie sich auf, reißt dich nieder und hinterlässt Angst, Schrecken und Verunsicherung. Obwohl sich Panikattacken sehr lebensbedrohlich anfühlen, so möchte ich dir zuallererst mitteilen, dass sie es nicht sind. Doch was sind Panikattacken dann? Woher kommen sie, wodurch werden sie ausgelöst und vor allem: Wie wirst du sie wieder los? In diesem ersten Kapitel möchte ich dir die Panikattacke vorstellen, damit du weißt, womit du es zu tun hast. Vielleicht nimmt dir das schon einmal den ersten Schrecken, welchen Panikattacken eindeutig verbreiten.

Was sind Panikattacken?

Zunächst möchte ich vorwegschicken, dass sich eine Panikattacke für jeden Menschen ein wenig anders anfühlt. Während der eine unter einer Panikattacke das Gefühl hat, er erleide einen Herzinfarkt, so hat ein anderer das Gefühl, in einem realgewordenen Horrorfilm die Hauptrolle einzunehmen. Doch bei allen unterschiedlichen Empfindungen hat eine Panikattacke doch immer ein deutliches Kennzeichen: die Angst.

Angst ist grundsätzlich nicht dein Feind. Denn die Angst möchte dich beschützen. Überlege doch einmal, in welchen Situationen du schon einmal Angst hattest. Vielleicht war es die dunkle Gasse, vor der du auf dem Nachhauseweg Angst hattest. Vielleicht war es aber auch die Schifffahrt, vor der du Angst hattest, da du kein guter Schwimmer bist. In all den Situationen hat die Angst eine Aufgabe: dich zu schützen und dich am Leben zu erhalten. Die Angst ist dabei eine uralte Reaktion unseres Körpers, der entscheidend dazu beigetragen hat, dass es heute überhaupt noch Menschen gibt. Schließlich hätte es dem Überleben der Menschheit nicht geholfen, wenn alle Menschen in die Höhle eines wilden Tieres eingedrungen wären oder den Kampf allein gegen ein viel zu starkes Tier aufgenommen hätten. Die Angst hat also eine Berechtigung in deinem Leben und ist ein Überbleibsel der Evolution.

Nun hat sich das Leben von uns Menschen in den letzten 150 Jahren dramatisch geändert. Längst gibt es in unserer Zivilisation keine Höhlen mehr, in denen wilde Tiere unser Leben bedrohen könnten. Tatsächlich ist unser Leben so sicher wie noch nie in der Geschichte der Menschheit. Die Medizin sorgt dafür, dass Krankheiten immer besser geheilt und die Menschen älter werden. Technik erlaubt uns einen bequemen Standard, von dem Menschen vor 150 Jahren nur geträumt hätten. Doch dafür bezahlen wir Menschen eben auch einen Preis. Das Leben ist schnell geworden und wir Menschen sind austauschbar. Leistungsdruck und die Angst vor finanziellem und sozialem Abstieg lassen uns bis an unsere Grenzen und darüber hinaus gehen. Wir sind den ganzen Tag dem Stress schutzlos ausgeliefert. Oft nehmen wir diesen noch nicht einmal mehr wahr, so getrieben sind wir vom Alltag in jeglicher Hinsicht.

Diese Entwicklung verlief so rasant, dass die Evolution kaum eine Chance hatte, sich anzupassen. Und dann, ohne jede Vorwarnung, läuft es aus dem Ruder. Das Gehirn schüttet ohne einen von dir erkennbaren Grund Stresshormone aus. Das vegetative Nervensystem wird aktiviert. Das Herz beginnt zu rasen, der Blutdruck steigt kontinuierlich an. Die Lungen wechseln die Luft immer schneller. Deine Muskeln sind zum Zerreißen gespannt. Alles ist auf Flucht oder Angriff ausgelegt – und dann bricht die Angst über dich hinein wie ein Tsunami. Ohne Rücksicht auf Verluste hinterlässt sie nur wenige Minuten später eine völlig verstörte Person. Eine Panikattacke hat sich angebahnt, kam herangerollt, hat dich überrollt und ist wieder verschwunden.

Panikattacken zählen übrigens zu den sogenannten Angststörungen. Du findest sie im ICD unter dem Code F.41.0 Panikstörungen. Sie sind also kein Hirngespinst, sondern absolut real. Eine Panikattacke allein macht aber noch keine Angststörung aus. Erst wenn die Panikattacke mehrfach auftritt, spricht man von einer Angststörung.

Panikattacken sind keine Seltenheit – die Panikattacke in Zahlen und Fakten

Obwohl viele Menschen denken, dass nur sie es mit Panikattacken zu tun bekommen, so sind Panikattacken keine Seltenheit! Christoph Corell, Direktor der psychiatrischen Klinik für Kinder und Jugendliche der Charité Berlin, geht mit seiner Aussage sogar so weit, dass es eine von drei Personen im Laufe des Lebens mit einer psychischen Krankheit zu tun bekommt. Am häufigsten sind hier die Angststörungen vertreten. Hierbei muss man aber noch einmal genau differenzieren. Auch beispielsweise Phobien werden zu den Angststörungen gezählt. Dabei scheinen Panikattacken einem Muster zu folgen.

Oft treten sie das erste Mal zwischen dem 15. und 35. Lebensjahr auf. Doch manchmal sind es nur Eintagsfliegen. Eine einmalige Sache. Anders sieht es aber bei 15 % der deutschen Bevölkerung aus. 15 % hört sich nicht viel an? Wer das denkt, der irrt sich gewaltig! Wir sprechen hierbei von rund 12 Millionen Menschen, die eine Angststörung entwickeln, die im Anschluss behandlungsbedürftig ist. Und genau diese Zahlen werden auch von der WHO gedeckt. Laut der WHO (World Health Organization) liegt eine Angststörung auf Platz zwei der psychischen Erkrankungen. Auf Platz eins sind nach wie vor Depressionen zu finden.

Das Statista Research Department veröffentlichte 2011 Zahlen zu verschiedenen Angststörungen weltweit. Dabei kam heraus, dass ganze 6,1 % der gesamten Bevölkerung mindestens einmal im Leben eine Panikattacke erlitten.

Was die Lage bei einer Angststörung aber auch verdeutlicht: Mehr als 50 % der Betroffenen lassen sich von einem Hausarzt behandeln. Der Erfolg ist hier nur mäßig, da es ein fachliches Konzept braucht, um aus dem Teufelskreis auszusteigen. Doch bei allen nüchternen und vielleicht auch beängstigenden Zahlen und Fakten ist zu sagen, dass eine Angststörung verhältnismäßig recht gut und auch schnell zu therapieren ist. Innerhalb einer Therapie werden nämlich angstauslösende Faktoren aufgedeckt, unterbrochen und durch neue Herangehensweisen umgeschrieben. Die Angst wird demnach also Schritt für Schritt aufgelöst.

Unbehandelt jedoch kann die Panikattacke dazu führen, dass du immer mehr von deinem Leben abgibst. Du meidest Situationen und Orte, später vielleicht auch Menschen. Du kannst deinen Job verlieren und am sozialen Rand stehen. Außerdem riskierst du, dass du weitere psychische Erkrankungen in Kauf nehmen musst. Hier ist die Depression zu nennen.

Alles in allem bist du mit den Panikattacken nicht allein. Viele Menschen haben mindestens einmal im Leben eine Panikattacke erlebt und ziemlich viele Menschen leiden mehr als einmal unter einer Panikattacke. Sie sind bei aller Angst, welche sie schüren, sehr gut in den Griff zu bekommen. Und genau aus dem Grund hältst du jetzt gerade dieses Buch in deinen Händen. Du möchtest Hilfe suchen und einen Ausweg finden! Der erste Schritt in die richtige Richtung ist also getan.

Daran erkennst du Panikattacken

Wer zum allererersten Mal eine Panikattacke erleidet, der vermutet dahinter körperliche Ursachen. Wahrscheinlich ist es dir ebenso ergangen. Herzrasen, Atemnot und starkes Schwitzen – vieles spricht für ein Problem am Herz. Es ist kein Wunder, dass viele Menschen mit solchen Symptomen zunächst ihren Hausarzt aufsuchen. Vielleicht bist du denselben Schritt gegangen. Der Hausarzt wird zunächst in einem Gespräch, dem sogenannten Anamnesegespräch, erfragen, was genau geschehen war. In dem Kapitel „So kannst du deinem Arzt helfen" erfährst du mehr darüber, welche Informationen der Arzt von dir benötigt und wie du ihm bei der Anamnese helfen kannst.

Doch zurück zu den Panikattacken und deren Erkennungsmerkmalen. Es ist sehr wahrscheinlich, dass auch du zunächst an körperliche Ursachen gedacht hast. Vom Herzinfarkt bis zum Schlaganfall, die Liste ist lang. Und tatsächlich! Schaust du dir die körperlichen Symptome einer Panikattacke an, dann sind diese vermeintlich angenommenen körperlichen Ursachen gar nicht weit hergeholt. Doch welche körperlichen Beschwerden treten auf? Genau das möchte ich dir nun aufzeigen:

- Plötzlich klopft dein Herz ganz wild, es rast oder du bemerkst, dass dein Herzschlag unregelmäßig ist.
- Du fühlst in deiner Brust oder deinem Hals eine Enge oder auch einen Druck.
- Oft gehen mit einer Panikattacke auch Schmerzen einher.
- Du leidest unter Atemnot und hast das Gefühl, dass du jeden Moment zu ersticken drohst.
- Dir ist schwindelig, alles dreht sich oder dir wird ganz schummrig.
- Hitzewallungen und Eiseskälte überziehen abwechselnd oder einzeln deinen Körper.

- Dein Mund wird trocken.
- Du fühlst eine Taubheit und ein Kribbeln, oftmals beginnend in den Extremitäten (Hände und Füße).
- Dir wird schlecht und du leidest an Übelkeit.
- Dein Magen-Darm-System rebelliert ebenfalls. Es kann zu Magengeräuschen, Schmerzen, Durchfall und anderen Magen-Darm-Problemen kommen.

Neben den körperlichen Symptomen können ebenfalls psychische Beschwerden hinzukommen. Darunter zählen folgende Beschwerdebilder:

- Du hast das Gefühl der Entfremdung. Vielleicht nimmst du alles wahr, als würdest du träumen. Manche haben wiederum das Gefühl, dass alles unwirklich und surreal erscheint. Oft wird ebenfalls berichtet, dass es zu Verzerrungen kommt. Das fühlt sich dann so an, als wären Personen oder auch du selbst nicht richtig da.
- Signifikant ist ebenfalls die plötzliche Angst, sterben zu müssen.
- Mit einer Panikattacke geht für viele auch die Angst vor einem Verlust der Kontrolle einher.

- Außerdem beschreiben sehr viele Menschen, dass sie Angst davor haben, durchzudrehen oder wahnsinnig zu werden.

All die Symptome sind natürlich beängstigend. Es ist also kein Wunder, dass Panikattacken zu den Angststörungen zählen.

Du weißt nun, was Panikattacken sind. Auch habe ich dir bereits verraten, dass Panikattacken keine Seltenheit sind und viele Menschen es mit Panikattacken im Laufe ihres Lebens zu tun bekommen. Außerdem kennst du nun zusätzlich die Symptome einer Panikattacke. Du kannst sie nun als solche identifizieren. Doch hast du dich auch gefragt, welche Gründe sich hinter den Panikattacken verbergen? Genau dem möchte ich nun gemeinsam mit dir im folgenden Abschnitt auf den Grund gehen.

Mögliche Gründe für Panikattacken

Für dich kommt eine Panikattacke wahrscheinlich wie angeflogen und aus heiterem Himmel. Eben noch war alles okay und plötzlich bricht die Hölle los. Dabei ist scheinbar nichts anders. Es ist dieselbe Situation, es ist nichts Schwerwiegendes oder Schlimmes geschehen und es hat sich scheinbar nichts verändert. Zumindest hat sich nichts verändert, was du auf den ersten Blick erkennen kannst.

Es gibt allerdings Situationen, in denen ist die Ursache zu erkennen. Erinnere dich hierzu an meine erste signifikante Panikattacke im Flugzeug. Hinter dieser Panikattacke steckte eine Flugangst. Doch nicht jeder Mensch kennt die Ursachen für eine Panikattacke. Und wollen wir einmal ganz ehrlich zueinander sein: Es gehört schon ein wenig mehr dazu als eine erlebte Situation, um an Panikattacken zu leiden. Doch arbeiten wir uns langsam und Schritt für Schritt an das Thema „Ursachen" heran.

Nicht immer, aber doch sehr häufig, sind die Ursachen in unserer Kindheit zu finden. Denn Belastungen, welchen wir als Kind ausgesetzt waren, hinterlassen Spuren. Hierbei muss ich hinzufügen, dass es nicht um banale Belastungssituationen geht. Natürlich belastet es ein Kind, wenn das Lieblingsspielzeug weggenommen wird. Allerdings sind in diesem Zusammenhang andere Belastungssituationen gemeint. Die Rede ist von jenen Erlebnissen, welche die eigene Persönlichkeit, das eigene Weltbild oder auch die eigene Existenz angegriffen haben. Das ist beispielsweise dann der Fall, wenn ein Kind regelmäßig einer Situation ausgesetzt wurde, aus der es sich allein nicht befreien konnte und auch keine Hilfe von außen bekam. Auch der Erziehungsstil der Eltern spielt eine wichtige Rolle. Ist der Erziehungsstil zu autoritär oder zu laissez faire, dann kann das ebenfalls Panikattacken im weiteren Verlauf des Lebens begünstigen.

Ein weiterer Faktor, welcher in Bezug auf die Familie zu nennen ist, sind die Gene. Denke hier aber bitte an das Anlage-Umwelt-Modell. Die Gene können immer nur einen gewissen Weg vorgeben. Die Umstände, demnach also die Umwelt, entscheiden am Ende darüber, ob der Weg der Gene eingeschlagen wird oder doch ein ganz anderer Weg deiner sein wird. Wenn allerdings Angststörungen in deiner Familie bereits ein Thema waren und sind, dann ist die Wahrscheinlichkeit sehr hoch, dass du in dieser Hinsicht ebenfalls vorbelastet bist. Was heißt das nun genau? Im Fall der Fälle zeigst du dann eher die Tendenz, an einer Angststörung zu erkranken, als es beispielsweise bei einer Schizophrenie der Fall wäre.

Ebenfalls ist heute bekannt, dass Veränderungen der Botenstoffe im Gehirn eine tragende Rolle spielen. Botenstoffe im Gehirn ändern sich aber nicht, wenn du dir einmal Junkfood gegönnt hast oder lieber auf dem Sofa liegen geblieben bist, anstelle ins Fitnessstudio zu gehen. Damit sich Botenstoffe im Gehirn ändern, muss einiges zusammenkommen. Das kann ein Unfall, dauerhafter Stress, ein traumatisches Erlebnis sein oder auch durch die Einnahme bestimmter Medikamente geschehen. Dies möchte ich dir aber nur am Rande mitgeben. Das Thema „Botenstoffe und Gehirn " ist nämlich so umfangreich, dass es den Rahmen dieses Buches sprengen würde.

Ebenfalls auffällig ist, dass Menschen, die an einer Panikattacke leiden, meistens ein ausgeprägtes Körpergefühl besitzen. Sie nehmen Regungen in ihrem Körper stärker wahr. Wenn du deinen Herzschlag beispielsweise deutlich spürst, dann kannst du das durchaus als bedrohlich empfinden. Das kann so weit gehen, dass du denkst, einen Herzinfarkt zu erleiden. Das wiederum löst Stress bei dir aus und dein Herz schlägt noch schneller. Das Ganze schaukelt sich bis zur Panikattacke hoch. Eine selbsterfüllende Prophezeiung und ein Teufelskreis, so viel steht fest. Ob die betroffene Person nun mag oder nicht, ihr Körper ist jedoch dauerhaft alarmiert. Der Körper steht demnach unter Dauerstress und entwickelt im Laufe der Zeit die sogenannte Angst vor der Angst. Diese Umstände zusammengefasst können natürlich jederzeit eine Panikattacke auslösen. Schließlich wird der Körper zum Pulverfass, welches jeden Augenblick in Form einer Panikattacke hochgehen kann.

Weiter können Panikattacken ihre Ursache in verschiedenen Substanzen finden. Dazu zählen Koffein, Nikotin, harte und weiche Drogen und verschiedene Medikamente. Außerdem können Veränderungen im Stoffwechsel ebenfalls zu den gefürchteten Panikattacken führen. Das ist beispielsweise bei einem niedrigen Blutzuckerspiegel der Fall, kann aber auch an einem erhöhten Spiegel der Schilddrüsenhormone liegen. Sind die Ursachen für Panikattacken körperlicher Natur, dann müssen diese natürlich von einem Arzt untersucht und ausgewertet werden.

Auch das alltägliche Leben kann die Ursache allen Übels darstellen. Hier ist besonders der Stress zu nennen. Sicher erkennst du dich in den folgenden Punkten wieder: Ein Termin reiht sich an den nächsten und du hast kaum noch Zeit für eine Auszeit, Selfcare oder Me-Time. Vielleicht hast du aber auch gerade eine große Anschaffung getätigt, beispielsweise einen Autokauf oder einen Hauskauf. Beides muss abbezahlt werden und plötzlich ist überall die Rede von Inflation. Alles wird teurer. Das Auto oder das Haus sind nun nicht länger ein gelebter Traum, sondern ein wahrgewordener Albtraum, der die eigene Existenz und Solvenz bedroht. Vielleicht ist bei dir beruflich recht viel los. Deine Firma ist in Schieflage geraten oder ein Arbeitskollege hat ein Auge auf deinen Job geworfen und ist bemüht, dich ins Aus zu drängen. Damit einher gehen finanzielle Sorgen, denn ohne Job gibt es auch kein Gehalt. Vielleicht hast du gerade aber auch eine schwere Trennung hinter dir, du trägst die falschen Glaubenssätze in dir oder du hast zu hohe Erwartungen an dich selbst. Die Liste der Gründe für Stress in der heutigen Zeit ist lang und wird immer länger. Ein Wunder ist das nicht. Schließlich leben wir in einer extrem schnellen Zeit. Alles wandelt und verändert sich. Außerdem wird alles anonymer und gleichzeitig durch das Internet transparenter. Auf der anderen Seite sind unsere aktuellen Lebensumstände ein Angriffspunkt. Wir sind überall und ständig erreichbar und geben freiwillig Informationen über uns preis. Zudem sind wir jederzeit ersetzbar. Wir taugen nichts mehr? Kein Problem! Wir sind unseren Job schnell los und die nächsten Bewerber sitzen bereits in den Startlöchern und warten nur auf ihre Chance, deinen Job zu bekommen. Dein Gehirn, dein Körper, einfach alles an dir wird regelrecht mit Stress bombardiert und geflutet. Du hast keinen Ausweg, doch es muss einer her. Ansonsten sucht sich dein Körper einen ganz eigenen Weg, um den Stress (kurzzeitig) zu neutralisieren: Die Panikattacke klopft an.

Doch bei all den möglichen Ursachen, die für eine Panikattacke infrage kommen, darfst du nicht vergessen, dass viele Faktoren zusammenspielen müssen, damit am

Ende auch tatsächlich die Panikattacke als Krankheits-
bild entsteht. Denn nicht jeder Mensch, auf den die Ursachen zutreffen, leidet automatisch an einer Panikattacke.
Es sind also immer mehrere Faktoren, die das Gesamtbild
am Ende bilden. Ursachenforschung macht allerdings
trotzdem Sinn. Gehen wir einmal davon aus, dass die
Hauptursache für Panikattacken bei dir der Stress ist. Es
macht in diesem Fall keinen Sinn, gegen die Panikattacken vorzugehen, ohne die Ursache zu beheben. Die Ant-
wort würde eindeutig Stressreduktion lauten. Du musst
also das Übel an der Wurzel packen. Alles andere wäre lediglich eine Symptombekämpfung und würde dir nur
kurzfristig bei deinem Problem mit den Panikattacken
helfen.

Du bist gefragt

In diesem Kapitel sollst du nun erstmals aktiv werden. Was meine ich damit? Damit du dir selbst in Bezug auf deine Panikattacken helfen kannst, reicht es nicht, dieses Buch einfach nur zu lesen. Schließlich soll dir das Gelesene auch helfen. Das wiederum funktioniert nur, wenn du ab sofort den Praxisteil durchführst.

Was aber musst du nun tun und wie hängt das mit diesem Kapitel zusammen? Im ersten Kapitel findest du eine Anleitung darüber, wie du dir ein persönliches Tagebuch erstellen kannst, was du dort hineinschreibst und wie du in Zukunft damit arbeitest. Das zweite Kapitel besteht aus einer Bestandsaufnahme deiner Panikattacken. Das dritte und letzte Kapitel in dem Buch soll dich auf den Arztbesuch vorbereiten, denn der Arzt wird einige Dinge von dir und deinen Panikattacken wissen wollen, damit er eine richtige und handfeste Diagnose stellen kann. Wenn du schon in ärztlicher Behandlung wegen der Panikattacken bist, dann ist das natürlich super! Trotzdem schadet es an dieser Stelle nicht, wenn du dir das Kapitel trotzdem durchliest und die Fragen beantwortest. Siehe es dann als eine Art Reise zu deinen Panikattacken an und wer weiß, vielleicht findest du noch das ein oder andere heraus. Außerdem findest du langfristige Hilfestellungen in diesem Kapitel.

Nun ist aber genug der langen theoretischen Vorrede. Starten wir doch jetzt gemeinsam mit dem ersten Unterkapitel. Hierbei wünsche ich dir viel Freude und natürlich viele Einsichten und Erkenntnisse, welche dich weiterbringen werden.

Dein Tagebuch gegen Panikattacken

Ich lade dich nun dazu ein, ein Tagebuch zu führen. Dieses Tagebuch soll allerdings kein klassisches Tagebuch sein. In diesem von dir angelegten Tagebuch soll es ausschließlich um deine Panikattacken gehen.

Dieses Tagebuch lege ich dir sehr ans Herz und das aus verschiedenen Gründen. Zum einen kannst du deine Panikattacken mithilfe dieses Tagebuches gut überblicken. Du erkennst auf einen Blick, wie häufig sie auftreten, und kannst sogar ausmachen, welche Trigger deine Panikattacken haben. Das ist besonders hilfreich, wenn du Ursachenforschung bei deinen Panikattacken betreiben möchtest. Das wiederum macht in jedem Fall Sinn. So bist du besser vorbereitet. Du weißt, was deine Panikattacken auslöst, und kannst genau dort ansetzen. Außerdem kannst du mithilfe des Tagebuchs auch herausfinden, wie die verschiedenen Erste-Hilfe-Maßnahmen wirken und ob sie dir bei einer Panikattacke helfen können. Wie du siehst, es hat viele Vorteile, ein Tagebuch zu führen. Was du dazu brauchst?

- Eine Kladde / einen Ringbuchordner mit Papier
- Einen Stift
- Die verschiedenen Tabellen und Überprüfungen aus diesem Buch

Selbstverständlich kannst du dein Tagebuch auch noch verzieren, wenn dir danach ist. Es ist jedoch kein Muss. Handhabe es so, wie es sich für dich richtig anfühlt.

Auf der ersten Seite solltest du einen kurzen Steckbrief von dir schreiben. Wer bist du? Was machst du beruflich? Was sind deine Interessen? Was sind deine Hobbys? Welche Wünsche hast du?

Auf der kommenden Seite schreibst du bitte die Überprüfung aus dem nächsten Unterkapitel ab. Du kannst dir die Überprüfung auch gerne kopieren und in dein Tagebuch kleben. Bei dieser Gelegenheit kannst du es gleich mehrfach kopieren und es in dein Tagebuch legen. Du wirst die Überprüfung später noch brauchen.

Nun sind in deinem Tagebuch noch einige Seiten frei. Diese sind für deine Panikattacken reserviert. Du hast gerade eine Panikattacke erleben müssen? Dann schreib das Datum und die Uhrzeit dort auf. In welcher Situation ist die Panikattacke aufgetreten? Warst du in den Wochen zuvor bereits angespannt, launisch oder gestresst? Wie schlimm war die Panikattacke? Welche Symptome sind dir besonders in Erinnerung geblieben? Konntest du dir helfen und wenn ja, wie hast du das gemacht? Wie nachhaltig war die Panikattacke? Wie lange hast du gebraucht, um dich zu beruhigen und deinem Alltag wieder ganz normal nachgehen zu können?

Wenn du diese Punkte aufschreibst und immer nach demselben Muster vorgehst, dann kannst du deine Panikattacken miteinander vergleichen. Vielleicht findest du Überschneidungen bezüglich der Ursache. Das können unter anderem der Ort, Aussagen, Geräusche oder auch Gerüche sein.

Für das Vorhaben ist es aber unabdingbar, dass du ehrlich zu dir bist. Du musst dich für deine Gefühle nicht schämen und außerdem liest niemand dein Tagebuch, wenn du es nicht willst. Schreibe also alles so auf, wie du es in dem Augenblick empfunden hast.

So sind die Panikattacken bei dir

In diesem Abschnitt möchte ich dir 15 Fragen zu deinen Panikattacken stellen. Mithilfe dieser Fragen kannst du deinen aktuellen Standpunkt ausloten. Diese Überprüfung solltest du in regelmäßigen Abständen, spätestens aber nach 5 Panikattacken, wiederholen. So kannst du nämlich schauen, ob sich an den Panikattacken etwas geändert hat. Ich empfehle dir besonders, dass du diesen Test wiederholst, sobald du mit den verschiedenen Techniken aus dem nächsten Kapitel arbeitest. So kannst du nämlich überprüfen, ob die Methoden dir etwas bringen und welche Wirkung sie auf die Intensität und Häufigkeit der Panikattacken haben.

So funktioniert die Überprüfung

Du bekommst im folgenden Verlauf 15 Fragen gestellt, welche du ankreuzen musst. Du hast die Wahl zwischen trifft absolut nicht zu, trifft eher nicht zu, weder noch, trifft eher zu und trifft absolut zu. Für deine Antworten erhältst du Punkte. Am Ende des Tests zählst du deine Punkte zusammen und kannst deinen aktuellen Stand anhand deiner Gesamtpunktzahl ablesen.

Die Überprüfung

Antwort	Punkte
Trifft absolut nicht zu	0
Trifft eher nicht zu	1
Weder noch	2
Trifft eher zu	3
Trifft absolut zu	4

1. Dein Herz schlägt während einer Panikattacke wie wild. Vielleicht hast du auch Herzstolpern.

Trifft absolut nicht zu	Trifft eher nicht zu	Weder noch	Trifft eher zu	Trifft absolut zu

2. Du hast ein Engegefühl während einer Panikattacke in der Brust. Das kann sich auch anfühlen, als würde es in deiner Brust brennen oder stechen.

Trifft absolut nicht zu	Trifft eher nicht zu	Weder noch	Trifft eher zu	Trifft absolut zu

3. Du hast während einer Panikattacke Atembeschwerden, die bis hin zu einer Atemnot gehen können.

Trifft absolut nicht zu	Trifft eher nicht zu	Weder noch	Trifft eher zu	Trifft absolut zu

4. Du schwitzt während einer Panikattacke stark, hast Hitzewallungen oder du leidest unter kaltem Schweiß, Schüttelfrost und zitterst stark.

Trifft absolut nicht zu	Trifft eher nicht zu	Weder noch	Trifft eher zu	Trifft absolut zu

5. Dein Magen und Darm rebellieren während einer Panikattacke. Du kannst an Bauchschmerzen, Übelkeit, Blähungen und Durchfall leiden.

Trifft absolut nicht zu	Trifft eher nicht zu	Weder noch	Trifft eher zu	Trifft absolut zu

6. Du hast während einer Panikattacke einen trockenen Mund.

Trifft absolut nicht zu	Trifft eher nicht zu	Weder noch	Trifft eher zu	Trifft absolut zu

7. Dir ist während einer Panikattacke schwindelig und du hast das Gefühl, ohnmächtig zu werden.				
Trifft absolut nicht zu	Trifft eher nicht zu	Weder noch	Trifft eher zu	Trifft absolut zu

8. Du musst während einer Panikattacke dringend auf Toilette und hast starken Harndrang.				
Trifft absolut nicht zu	Trifft eher nicht zu	Weder noch	Trifft eher zu	Trifft absolut zu

9. Du hast während einer Panikattacke Kopfschmerzen oder einen starken Druck im Kopf.				
Trifft absolut nicht zu	Trifft eher nicht zu	Weder noch	Trifft eher zu	Trifft absolut zu

10. Deine Hände und Füße kribbeln während einer Panikattacke und du hast ein Gefühl der Taubheit.

Trifft absolut nicht zu	Trifft eher nicht zu	Weder noch	Trifft eher zu	Trifft absolut zu

11. Nach den Panikattacken leidest du unter starken Verspannungen.

Trifft absolut nicht zu	Trifft eher nicht zu	Weder noch	Trifft eher zu	Trifft absolut zu

12. Du hast während einer Panikattacke Probleme zu sprechen. Du findest manche Wörter nicht, stotterst oder kannst dich nicht konzentrieren.

Trifft absolut nicht zu	Trifft eher nicht zu	Weder noch	Trifft eher zu	Trifft absolut zu

13. Du leidest während der Panikattacke an Ohrensausen. Bei anderen kann es auch zu einem Klingeln im Ohr kommen.

Trifft absolut nicht zu	Trifft eher nicht zu	Weder noch	Trifft eher zu	Trifft absolut zu

14. Du hast starke Angst während einer Panikattacke, die sich hauptsächlich auf die körperlichen Symptome fokussiert.

Trifft absolut nicht zu	Trifft eher nicht zu	Weder noch	Trifft eher zu	Trifft absolut zu

15. Nach einer Panikattacke bekommst du es mit starker Erschöpfung, Müdigkeit und Abgeschlagenheit zu tun.

Trifft absolut nicht zu	Trifft eher nicht zu	Weder noch	Trifft eher zu	Trifft absolut zu

Gesamtpunktzahl	

Auswertung

Hier findest du nun die Auswertung, mit deren Hilfe du deinen Stand der Panikattacke ausmachen kannst.

0-10 Punkte

Mittlerweile sind Panikattacken kein Thema mehr für dich. Du spürst manchmal einen Anflug von Angst, aber das ist nicht stärker als bei jenen Menschen, die noch nie in ihrem Leben etwas mit Panikattacken zu tun gehabt haben.

11-25 Punkte

Die Panikattacken sind abgeflaut auf ein absolut beherrschbares Maß an Angst. Dann und wann flammt zwar etwas auf, aber du hast es sofort unter Kontrolle.

26-40 Punkte

Manchmal erwischt dich noch eine Panikattacke. Das ist aber weniger die Regel als vielmehr die Ausnahme. Du kannst damit gut leben, trotzdem wäre es schön, wenn auch die gelegentlichen Panikattacken aufhören würden.

41-50 Punkte

Du hast noch häufiger mit Panikattacken zu kämpfen und diese nehmen dich auch ganz schön mit. Es gab zwar schwärzere Zeiten, aber von den guten Zeiten bist du auch noch entfernt.

51-60 Punkte

Die Panikattacken bestimmen dein Leben. Du traust dich kaum noch raus oder etwas zu unternehmen, da du eine erneute Panikattacke in der Öffentlichkeit fürchtest.

Langfristige Hilfe und wie du deinem Arzt helfen kannst

Je nachdem, wie groß der Leidensdruck mit den Panikattacken ist, solltest du unbedingt einen Arzt aufsuchen. Nur ein Arzt kann dir die Gewissheit geben, dass du an einer Panikattacke und nicht an einer körperlichen Ursache wie dem berüchtigten Herzinfarkt oder Schlaganfall leidest. Und auch hier bist du nicht passiv, sondern kannst den Medizinern helfen. Was du tun kannst, erfährst du in dem nächsten Abschnitt

So kannst du deinem Arzt helfen

Dein Hausarzt wird zunächst ein sogenanntes Anamnesegespräch führen. Genau für dieses Anamnesegespräch kannst du vorarbeiten, denn der Arzt wird einige Fragen an dich haben. Die häufigsten und wichtigsten Fragen zu diesem Gespräch habe ich dir hier zusammengefasst und festgehalten. Schreibe diese Fragen doch in dein Tagebuch und beantworte sie in einer ruhigen Minute.

- In welchen Situationen hast du bereits Panikattacken erlebt?
- Wie häufig sind die Panikattacken aufgetreten?
- Wie ist deine Grundstimmung vor, während und nach einer Panikattacke?
- Wann hattest du die erste Panikattacke und wie sieht der Verlauf aus? Sind die Panikattacken stärker und/oder häufiger aufgetreten?
- Gibt es Panikattacken oder Angststörungen in deiner Familie?
- Gibt es andere psychische und physische Erkrankungen innerhalb der Familie? Diese können den Symptomen einer Panikattacke ähnlich sein, müssen es aber nicht.

- Unter welchen körperlichen Beschwerden leidest du unabhängig von einer Panikattacke?

Je nachdem, zu welchem Schluss der Arzt kommt, kann er dich zu weiteren Spezialisten überweisen, um körperliche Ursachen auszuschließen. Für den Arzt kann es aber auch schnell eindeutig feststehen, dass körperliche Ursachen ausscheiden und nur die Panikattacken infrage kommen. Er wird dir in dem Fall zu einer Psychotherapie raten. Außerdem besteht die Möglichkeit, mit Medikamenten die Spitzen der Panikattacken abzuflachen.

Langfristige Hilfe

Neben der schnellen und kurzfristigen Hilfe, die du im nächsten Kapitel kennenlernen wirst, bietet außerdem eine langfristige Hilfe, wie beispielsweise der Beginn einer Psychotherapie und die eventuelle Einnahme von Medikamenten, eine adäquate Hilfe, um die Panikattacken zu überwinden. Du weißt bereits, dass Angststörungen relativ gut und schnell therapierbar sind. Natürlich dauert auch die Behandlung einer Angststörung seine Zeit, sie ist jedoch nicht vergleichbar mit beispielsweise der Behandlungsdauer einer Depression. Wie genau dein Weg der Heilung aussieht, das ist ganz individuell. Es müssen auch keine Medikamente zum Einsatz kommen, wenn du dies nicht wünschst.

Du hast dir dieses Buch jedoch nicht gekauft, um Informationen über zig verschiedene Therapieansätze anzulesen, sondern weil du dir schnelle Hilfe bei einer Panikattacke wünscht. Aus diesem Grund möchte ich nun mit dir zum Herzstück dieses Buches kommen: Wie du dir in einer Panikattacke selber helfen kannst oder: Du bist stärker als die Panik.

Du bist stärker als die Panik

Herzlich willkommen zum Herzstück dieses Buches und wahrscheinlich auch zu dem Kapitel, was dich am meisten interessiert. In diesem Kapitel möchte ich dir nämlich jene Methoden vorstellen, welche dir durch eine Panikattacke helfen und später diese vielleicht sogar verhindern können. Doch eines möchte ich vorwegschicken: Du musst auch diese schnellen Hilfsmaßnahmen einüben. Daher empfehle ich dir, dass du dich im Vorfeld schon mit diesen Techniken und Methoden auseinandersetzt. Außerdem empfehle ich dir, dass du alle Methoden mehrmals ausprobierst und dann schaust, wie sie dir bekommen. Denn wie heißt es so schön: Einmal ist keinmal. Und genauso verhält es sich auch mit den Methoden, die dir durch die Panikattacke helfen sollen. Probiere dich also aus und schaue, wie es dir bekommt. Auch hier bietet es sich wieder an, wenn du die verschiedenen Methoden und deine Ergebnisse im Tagebuch festhältst, denn jede Methode kann anders wirken. Manche Methoden helfen dir vielleicht im Vorfeld weiter, sodass eine Panikattacke gar nicht erst so aufkeimt. Andere Methoden schwächen die Intensität der Panikattacke ab und andere Methoden wiederum helfen dir nach einer Panikattacke, um dich wieder zu sammeln und zu Kräften zu kommen.

Ich wünsche dir viele neue Erfahrungen, Erkenntnisse und viele Erfolgserlebnisse!

Atemtechniken

Stress, Sorgen und auch Angst haben einen Einfluss auf deine Atmung. Denn deine Atmung ist dann nicht tief, sondern flach und kurz. Das wiederum verstärkt den Stress, die Sorgen und die Angst. Während einer Panikattacke kennst du das vielleicht durch die berüchtigte Atemnot, die einsetzt. Die gute Nachricht: Du kannst dir dieses Wissen auch zunutze machen, indem du den Effekt einfach umkehrst! Das funktioniert, indem du deinen Atem dazu bewusst nutzt, um dich zu beruhigen. Und noch eine gute Nachricht hat diese Methode zu bieten: Sie ist überall und immer anwendbar.

4 Sekunden

Setze, stelle oder lege dich zunächst bequem hin. Achte darauf, dass dein Oberkörper aufgerichtet ist. Ein Arm hängt oder liegt bequem neben deinem Körper. Die andere Hand legst du auf deinen Bauch. Fokussiere deine Konzentration zunächst auf deine Atmung und fühle, wie sich deine Lungen mit Luft füllen und wie du die Luft wieder ausatmest. Wiederhole das einige Male, bis du ruhiger geworden bist. Dann atmest du bewusst und tief für 4 Sekunden durch die Nase ein. Fühle, wie dein Bauch sich anhebt. Behalte die Luft für 4 Sekunden in deinen Lungen. Atme sie dann gleichmäßig für 4 Sekunden wieder aus und fühle mit deiner Hand, wie sich dein Bauch wieder absenkt. Mache eine kurze Pause von 10 Sekunden, in der du ruhig und regelmäßig atmest. Dann kannst du die Atemübung wiederholen. Insgesamt kannst du die Übung bis zu 10-mal wiederholen.

4-7-8 Atmung

Diese Atemtechnik ist auf den amerikanischen Arzt Dr. Andrew Weil zurückzuführen. Dieser gab der Übung, welche heute unter dem Namen 4-7-8 Atmung bekannt ist, einst den Namen Relaxing Breath.

Das Besondere an dieser Atemübung: Dein Herzschlag beruhigt sich und du kommst schneller zur Ruhe.

Diese Übung kannst du sowohl im Sitzen als auch im Liegen vollziehen. Lass deine Arme eine bequeme Position neben dem Körper finden. Dein Oberkörper sollte aufgerichtet sein, damit die Luft gut in deinen Körper dringen kann. Atme zunächst einige Male tief ein und wieder aus und fokussiere dich auf deine Atmung. Lege nun die Spitze deiner Zunge locker gegen deinen Gaumen. Atme nun durch die Nase ein, während du ganz langsam bis 4 zählst. Behalte den Atem dann für 7 Sekunden in deinen Lungen. Du atmest die Luft nun für 8 Sekunden aus, als würdest du die Luft durch einen Strohhalm auspusten wollen. Deine Wangen dürfen sich ruhig aufblähen. Wichtig ist, dass dein Mund nur eine kleine Öffnung zum Ausströmen der Luft bietet.

Atme nun einige Atemzüge normal weiter und beginne die Übung erneut. Du kannst die Übung bis zu 4-mal wiederholen.

Fokussierung

Die Panikattacke droht wie ein Tsunami über dich hereinzubrechen. Wie schön wäre es, wenn du einen rettenden Anker hast, der dich in der Welt hält. Genau das kann dir mit der Fokussierung gelingen. Eine aus meiner Praxis heraus sehr effektive Fokussierung ist die 5-4-3-2-1-Methode. Diese möchte ich dir nun gerne vorstellen.

5-4-3-2-1-Methode

Du spürst, wie sich eine Panikattacke anbahnt. Anstatt deine volle Aufmerksamkeit nun auf die Panikattacke zu richten, lenkst du deine Aufmerksamkeit in deine Umgebung. Hierzu brauchst du deine Sinne: Sehen, Hören, Fühlen, Riechen und Schmecken.

Suche dir 5 Dinge in deiner Umgebung aus, die du sehen kannst. Beobachte die Dinge genau. Wie ist die Form? Welche Farben haben sie? Sind sie groß oder klein? Sind sie rund oder haben sie Ecken?

Als Nächstes schließt du deine Augen und lenkst nacheinander deine Konzentration auf 4 Geräusche, die du hören kannst. Gehe jedes Geräusch einzeln durch. Ist es nah oder fern? Ist es laut oder leise? Ist es schrill oder gedämpft?

Nun brauchst du deinen Tastsinn. Behalte die Augen geschlossen und erfühle 3 Dinge in deiner unmittelbaren Umgebung. Ist es hart oder weich? Flauschig oder rau? Fühlt es sich glatt an oder hat es eine Struktur? Gehe so mit jedem Gegenstand vor, den du mit deinen Händen ertastest.

Richte dann deine Aufmerksamkeit auf 2 Gerüche in deiner Umgebung. Rieche jeden Geruch einzeln und versuche zu erreichen, ob der Geruch würzig, süß oder herb riecht. Woher könnte der Geruch stammen?

Zum Abschluss nimmst du eine Sache, die du schmecken kannst. Lege es auf deine Zunge und erschmecke die verschiedenen Geschmacksrichtungen. Schmeckt es süß oder sauer? Ist es vielleicht fruchtig oder doch eher herb?

Diese Methode kannst du immer und überall anwenden, was ein großer Vorteil ist. Daher habe immer ein Bonbon oder Ähnliches dabei, damit du etwas zum Schmecken hast.

Frische Luft und Sport und Bewegung

Dass frische Luft und Sport gut für die Gesundheit und das Wohlbefinden sind, steht außer Frage! Allerdings geht es nun nicht darum, dass du bei den ersten Ankündigungen ins Fitnessstudio rennen sollst und dich an den Geräten abrackern musst, als gäbe es kein Morgen. Allerdings helfen die frische Luft und Bewegung an dieser dabei, dass sich deine Muskeln entspannen und sich deine

Atmung wieder reguliert. Dazu reicht es schon, wenn du einfach eine Runde spazieren gehst.

Panikattacken können in engen Räumen intensiver sein. Wenn du das bei dir schon beobachtet hast, dann gehe doch einfach einmal raus. Dort ist mehr Platz und Raum und oft werden Panikattacken dann als weniger schlimm wahrgenommen. Wenn du mit einer drohenden Panikattacke nicht raus möchtest, dann kannst du dich auch in deinen Garten oder auf den Balkon begeben. Ist beides nicht vorhanden, dann kann auch ein weit geöffnetes Fenster helfen. Bewegung am Fenster oder auf dem Balkon ist natürlich schwierig. Probiere es in diesem Fall doch einmal mit der Fokussierung oder einer Atemtechnik.

Offene Worte

Du weißt bereits, dass Panikattacken keine Seltenheit sind. Allerdings können die Menschen in deiner Umgebung nicht in deinen Kopf gucken. Wahrscheinlich werden sie sich wundern, wenn du Hals über Kopf den Ort verlässt, an dem du dich aufgehalten hattest, wenn sich eine Panikattacke anbahnt.

Ich empfehle dir, dass du Personen deines Vertrauens einbeziehst und mit ihnen über deine Problematik redest.

Du wirst sehen, dass du nicht zum Gespött der Menschheit wirst und niemand wird dich auslachen. Es ist sogar sehr wahrscheinlich, dass es dir besser gehen wird, wenn du dich jemandem anvertraust. Denn du sprichst nicht nur über deine Panikattacken, sondern auch über deine Ängste. Das wiederum kann dazu beitragen, dass die Ängste abgebaut werden. Außerdem kann die Person deines Vertrauens positiv auf dich einwirken, indem sie deine Stärken hervorhebt, dir deine Erfolge aufzeigt und dich somit stärkt.

Bei allen positiven Aspekten, die ein paar offene Worte mit einer Vertrauensperson mit sich bringen, so ersetzt diese jedoch keinen Therapeuten! Siehe offene Gespräche daher als temporäre Unterstützung, nicht aber als Allheilmittel an. Denn wie so oft sitzen die Gründe viel tiefer und es braucht professionelle Hilfe, um da wieder herauszukommen.

Positives entgegensetzen

Panikattacken sind vieles, jedoch würdest du sie nie mit etwas Positivem gleichsetzen. Kein Wunder, denn Panikattacken fühlen sich nicht nur schlecht an, sondern sie wirken auch nach. Aus diesem Grund kann es helfen, den Panikattacken etwas Positives entgegenzusetzen. Hierzu möchte ich dich zunächst auffordern, all jene Dinge in dein Tagebuch zu schreiben, die du wirklich gern machst und an denen du Freude hast. Die Dinge musst du wirklich von ganzem Herzen gern tun, andernfalls halten sie der Panikattacke nicht stand.

Nehmen wir einmal an, dass du gerne verreist. Nun kannst du nicht einfach deine Koffer packen und in den Urlaub fahren, wenn sich eine Panikattacke anbahnt. Du kannst deinen nächsten Urlaub jedoch planen! Hierzu schnappst du dir einfach dein Tablet, dein Smartphone oder deinen PC und überlegst dir erst einmal, wohin die Reise gehen soll. Im Anschluss schaust du nach einem genauen Ort. Durchforste das ganze Internet oder wälze Reisekataloge, um deinen Traumurlaub bis ins letzte Detail zu planen. Vielleicht bist du aber auch lieber mit dem Rad unterwegs. Dann plane neue Touren.

Welche Dinge du auch am liebsten tust, plane sie oder führe sie durch. Du wirst dann nicht nur mit einem positiven Gefühl geflutet, du lenkst dich ebenfalls von deiner Angst ab. Außerdem stärken jene Situationen, in denen du deiner Angst etwas Positives entgegensetzt, dein Selbstbewusstsein und dein Selbstwertgefühl. Schließlich konntest du die Situation wieder unter Kontrolle bringen und das hast du dir zu verdanken und niemandem sonst.

Wie du siehst, es lohnt sich eindeutig, deiner Angst etwas Positives entgegenzusetzen. Allerdings möchte ich an dieser Stelle noch einmal die Wichtigkeit der Vorbereitung betonen. Die Dinge müssen dir wirklich Spaß machen und es kann sein, dass du dich am Anfang dazu zwingen musst, deine Konzentration weg von der Angst und hin zum Positiven zu wenden. Mit ein wenig Übung geht dir das aber bestimmt immer leichter von der Hand.

Meditation

Die Meditation hat leider immer noch ein sehr überholtes Bild in den Köpfen vieler Menschen. Wenn du an klassische Ökoleute denkst, die mit langen zotteligen Haaren und ihren Birkenstockschläppchen merkwürdig in der Natur sitzen und ihre Mediation ausführen, dann bist du eindeutig auf dem Holzweg.

Meditation, das bedeutet zur Ruhe zu kommen, ins innere Gleichgewicht finden und dem Stress einen Haken schlagen. Außerdem bewirkt die Meditation, dass du dich auf verschiedene, von dir gesetzte Schwerpunkte fokussierst. Du schulst dich also in Achtsamkeit. Bei der Meditation kannst du auch als Anfänger gar nicht viel falsch machen. Und darum möchte ich dir an dieser Stelle einen Tipp für maximale Entspannung mit auf den Weg geben:

Da es äußerst kontraproduktiv ist, während einer Meditation immerzu das Buch zu nehmen und die nächsten Schritte zu lesen, solltest du die Meditation, welche ich dir gleich mit auf den Weg geben werde, aufzeichnen und für eine Meditation abspielen. Hierzu kannst du einfach dein Handy nutzen. Während der Meditation kannst du deine Aufnahme abspielen und zusätzlich noch ruhige Musik laufen lassen. Für die Meditation, die ich dir gleich zeigen werde, eignen sich ebenfalls Naturgeräusche wunderbar. Für unterwegs kannst du während deiner Aufnahme die Naturgeräusche auch im Hintergrund laufen lassen. So hast du deine Meditation immer dabei, wenn du sie brauchst: Einfach Stöpsel ins Ohr und die Entspannung kann beginnen.

Übrigens hilft dir die Meditation dabei, drohende Panikattacken zu vermeiden, erträglicher zu machen oder nach einer Panikattacke schneller zu neuer Kraft zu kommen. Wenn du dich dazu entschließt, die Meditation mit deinem Handy aufzunehmen und während der Meditation abzuspielen, dann achte auf eine ruhige Stimme und halte Pausen ein. Das ist beispielsweise dann der Fall, wenn es in der Meditation heißt: „Verweile so lange in der Situation, wie es dir guttut." Halte dort Sprechpausen ein, die du für dich angemessen hältst.

Wie ich bereits bei anderen Techniken erwähnt habe,
so ist die Panikattacke wie eine Urgewalt, die über dich
hereinbricht und alles zerstört und ins Wanken bringt,
was nicht niet- und nagelfest ist. Daher möchte ich dir die
Erdmeditation als Verankerung im Hier und Jetzt vorstellen. Bei dieser Meditation bist du tief verwurzelt mit
der Erde und auch eine Panikattacke kann dich nicht da-
vonreißen. Wichtig für die Zeit der Meditation: Stelle alle
störenden Quellen aus. Es sollten kein Radio und auch
kein Fernseher laufen. Stelle die Türklingel ab und achte
darauf, dass dein Handy und auch das Telefon auf lautlos
gestellt sind.

Die Erdmeditation

Diese Meditation kannst du im Sitzen oder Liegen durchführen. Du solltest eine bequeme Position einnehmen,
doch sie sollte nicht zu locker sein. Bevor die Meditation
beginnt, schließt du deine Augen und konzentrierst dich
auf deine Sinne. Fühle, wie du auf dem Boden sitzt oder
liegst. Welche Körperstellen berühren den Boden? Wie
fühlt es sich an? Höre als Nächstes in deine Umgebung
herein. Vielleicht nimmst du den Verkehr vor deinem
Haus wahr. Vielleicht regnet es aber auch gerade und die
Tropfen prasseln gegen das Fenster. Vielleicht hast du

aber auch gerade ein Fenster auf kipp gestellt und du kannst die Vögel draußen zwitschern hören. Nimm diese Geräusche nacheinander wahr. Vielleicht nimmst du auch einen Geruch wahr. Dann rieche in diesen hinein und versuche zu erahnen, woher dieser Geruch stammt. Du bist nun schon etwas ruhiger geworden. Lege nun eine Hand auf deinen Bauch und fokussiere deine Aufmerksamkeit auf deine Atmung. Atme tief durch die Nase ein, fühle wie dein Bauch sich hebt und behalte den Atem kurz in deinen Lungen. Atme dann langsam und gleichmäßig durch den Mund wieder aus und spüre, wie dein Bauch sich wieder absenkt. Versuche, einen Rhythmus zwischen dem Einatmen, dem Luft-in-der-Lunge-behalten und dem Ausatmen zu finden. Führe diese Atemübung noch zwei weitere Male aus.

Du atmest ruhig und gleichmäßig weiter. Die Stellen, mit denen du den Boden berührst, fühlen sich gut an. Es ist ganz weich und warm. Du schaust hinunter und bemerkst, dass du auf waldigem Moos sitzt. Es ist feucht und angenehm wohltuend. Alles um dich herum riecht würzig, so wie nach einem Regenschauer. Die Bäume um dich herum lassen immer wieder ein paar Sonnenstrahlen durch, die warm deine Haut streicheln. Es ist ein Augenblick der vollkommenen Ruhe und Entspannung. Verweile so lange in diesem Augenblick, wie es dir guttut.

Atme nun tief durch die Nase ein und rieche dabei die würzige, erdige, schwere Luft. Fühle, wie deine Lungen sich mit jedem Atemzug etwas mehr mit dem reichhaltigen Waldboden füllen. Von deinen Lungen aus wird der Waldboden weiter in deine Zehen- und Fingerspitzen geführt. Mit deinem nächsten Atemzug füllen sich deine Füße und Hände mit dem Waldboden. Du atmest tief ein und deine Unterarme und Unterschenkel sind mit dem Waldboden gefüllt. Wieder atmest du tief und ruhig ein und du fühlst, wie sich nun deine Oberarme und Oberschenkel mit dem schweren Boden füllen. Dir ist angenehm warm und du fühlst dich rundum wohl. Mit dem nächsten Atemzug füllen sich dein Kopf und dein Unterleib mit dem Waldboden. Du spürst, wie du immer mehr zu einem Teil des Bodens und des Waldes wirst. Noch einmal atmest du tief ein. Nun bist du vollständig mit dem nahrhaften Boden gefüllt. Du bist ein Teil des Waldes, des Bodens und des Ganzen. Du bist ganz ruhig und strotzt trotzdem nur so vor Kraft, die dir der Erdboden zur Verfügung stellt. Dein Herz schlägt ganz regelmäßig und ruhig. Verweile so lange in diesem Augenblick, wie es dir guttut.

Nun lenkst du deine Aufmerksamkeit auf das Ausatmen. Mit jedem Ausatmen gibst du ein Stück des Waldbodens in dir an den Wald um dich herum zurück. Beim ersten Ausatmen leert sich dein Brustkorb. Du atmest wieder langsam und ruhig aus und dein Kopf und dein Unterleib sind wieder frei von dem Waldboden. Wieder atmest du aus. Deine Oberarme und Oberschenkel geben den Waldboden dem Wald zurück. Erneut atmest du ruhig aus und gibst die Erde aus deinen Unterschenkeln und Unterarmen ab. Mit dem nächsten Ausatmen gibst du die Erde aus deinen Händen und Füßen zurück. Ein letztes Ausatmen. Ein letztes Mal gibst du die Erde dem Wald zurück. Dieses Mal aus deinen Fingerspitzen und Zehenspitzen. Du sitzt oder liegst wieder auf dem Moos. Es ist warm. Der Waldboden, der vorhin noch ein Teil von dir war, wärmt dich wohlig von innen nach. Du fühlst dich leicht und geerdet. Verweile so lange in diesem Augenblick, wie es dir guttut.

Löse dich nun von dem Wald und dem Moos. Mit dem nächsten Atemzug verschwinden die Bäume um dich herum. Dann löst sich das Moos unter dir langsam und mit jedem Ausatmen auf, bis du wieder im Hier und Jetzt angekommen bist. Lass die Augen noch geschlossen und fühle in dich hinein. Kannst du die Ruhe, die Kraft und die Entspannung fühlen? Verweile so lange in diesem Augenblick, wie es dir guttut.

Richte deine Aufmerksamkeit nun auf die Außenwelt. Nimm die Geräusche wahr, die an dein Ohr dringen. Lausche einen kleinen Augenblick nach ihnen. Fühle deine Unterlage, auf der du nun sitzt oder liegst. Nimm wahr, mit welchen Körperstellen du den Boden berührst. Fühle auch hier einen kleinen Augenblick hinein. Öffne dann langsam die Augen und nimm deine Umgebung wahr. Fühle, wie du ruhig im Hier und Jetzt angekommen bist und stehe erst auf, wenn dir danach ist.

Die richtigen Reize

Ob du es glaubst oder nicht: Starke Reize können wie ein Katapult in die Gegenwart fungieren. Auch Reize, die den Überlebensinstinkt ankurbeln, wirken wunderbar gegen Panikattacken. Dabei sollst du natürlich nicht von einer Brücke springen, dir ein Messer in den Oberschenkel stechen oder dich anderweitig in Gefahr begeben. Tatsächlich reicht es aus, deinem Körper diese Gefahr nur vorzugaukeln.

Das Thema bei dieser Methode sind also Reize! Hierzu kannst du auf ganz einfache und günstige Dinge aus der Trickkiste zurückgreifen. Welche Dinge das sind, möchte ich dir nun im weiteren Verlauf vorstellen.

Zitrone

Zitronen schmecken sauer. Wenn du jetzt intensiv an eine Zitrone denkst, dann sammelt sich bestimmt umgehend Speichel in deinem Mund. Nicht, weil du Zitronen so lecker und unwiderstehlich findest, sondern wegen der herben Säure, welche Zitronen mitbringen. Und genau diesen Mechanismus machst du dir bei der nächsten Panikattacke zunutze. Du kannst entweder in eine Zitrone reinbeißen oder den Saft einer Zitrone trinken. Zitronensaft kannst du auch im Supermarkt in den kleinen gelben Fläschchen kaufen. Bahnt sich nun eine Panikattacke an, dann beiße kräftig in die Zitrone oder nimm einen guten Schluck Zitronensaft. Der heftige Reiz wird deine Panikattacke abmildern und dich von ihr ablenken.

Chili

Scharfes Essen ist nicht jedermanns Sache. Allerdings können die kleinen roten Schoten deine Panikattacke ebenso abfangen, wie es die Zitrone auch kann. Die Schärfe der Chilischote, das Capsaicin, wirkt ähnlich wie die Säure des Zitronensafts. Du setzt einen starken Reiz der Panikattacke entgegen. Wenn sich also eine Panikattacke anbahnt, dann beiße beherzt in eine Chilischote. Wenn dir Chilischoten zu suspekt sind, dann kannst du auch zu Chili-Gummibären greifen.

Wasser

In warmes Wasser hüpft wohl jeder gerne. Anders sieht es da bei kaltem Wasser aus. Oder würdest du gerne in einen Pool mit eiskaltem Wasser springen? Wohl eher nicht! Und genau diesen Reiz machst du dir das nächste Mal zunutze, wenn sich eine Panikattacke anbahnt. Hier hast du verschiedene Möglichkeiten. Zum einen kannst du dein Gesicht unter fließendes, kaltes Wasser halten. Damit gaukelst du deinem Körper vor, dass du kurz vor dem Ertrinken stehst. Der Überlebensmechanismus wird sich einschalten und die Panikattacke abschwächen oder vielleicht sogar verdrängen. Eine weitere Methode ist es, deine Handgelenke mit im kalten Wasser getränkten Wickeln zu umwickeln. Das Blut der Hauptschlagader kühlt dann rasch herunter und dein Gehirn sendet den Reiz, dass die Körpertemperatur fällt. Dein Körper ist dann mit dem Problem beschäftigt und du kannst dich nicht mehr auf die Panikattacke fokussieren. Sie wird also schwächer oder es kommt gar nicht erst zu einer Panikattacke.

Kieselsteine

Läufst du gerne barfuß? Das ist ein herrliches Gefühl –
zumindest so lange, bis du auf ein kleines Steinchen
trittst. Eben diesen unangenehmen Reiz kannst du auch
dann einsetzen, wenn sich eine Panikattacke anbahnt.
Dazu musst du natürlich nicht barfuß laufen. Du kannst
einfach ein paar kleine Steinchen in deine Schuhe legen.
Platziere sie unter deiner Ferse. Mit jedem Schritt, den du
nun tust, wird dein Gehirn die Aufmerksamkeit auf die
Steinchen in deinem Schuh legen und deine Gedanken
von der Panikattacke ablenken.

Gummi

Das Flitschen eines Gummis tut weh. Aber auch diesen
Reiz kannst du dir super zunutze machen, wenn sich wieder eine Panikattacke anbahnt. Nimm hierzu einfach ein
Gummi und platziere es um deinen Unterarm. Wenn nun
eine Panikattacke kommt, dann ziehst du es stramm, lässt
los und es flitscht gegen deinen Arm zurück. Das tut weh
und genau dieser Reiz bringt die Panikattacke vollkommen aus dem Tritt.

Lavendelöl

Wenn du gut auf verschiedene Aromen reagierst, dann kannst du mit Lavendelöl arbeiten. Tropfe dir einfach ein paar Tropfen des Lavendelöls auf deine Handgelenke und rieche daran, sobald du merkst, dass die Panikattacke Anschwung nimmt. Wenn es auch nicht hilft, die Panikattacke zu vermeiden, so kann dir das Lavendelöl im Nachhinein aber dabei helfen, schneller ruhiger zu werden.

Progressive Muskelentspannung

Die progressive Muskelentspannung ist eine Entspannungstechnik, die den ganzen Körper und auch deinen Geist einschließt. Dabei kann die progressive Muskelentspannung Panikattacken abmildern. Wenn der Stress die Ursache für deine Panikattacken ist, dann kannst du mit dieser Methode dafür sorgen, dass die Panikattacken weniger intensiv und weniger häufig auftreten. Aber auch wenn der Stress nicht der Ursprung allen Übels ist, kann dir die progressive Muskelentspannung gegen deine Panikattacken helfen.

Progressive Muskelentspannung, das bedeutet zur Ruhe zu kommen, ein Gefühl für dich und deinen Körper zu bekommen und dem Stress einen Haken zu schlagen.

Außerdem bewirkt die progressive Muskelentspannung, dass du dich auf verschiedene, von dir gesetzte Schwerpunkte fokussierst. Du schulst dich also in Achtsamkeit. Bei der progressiven Muskelentspannung kannst du auch als Anfänger gar nicht viel falsch machen. Und darum möchte ich dir an dieser Stelle einen Tipp für maximale Entspannung mit auf den Weg geben: Da es äußerst kontraproduktiv ist, während der progressiven Muskelentspannung immerzu das Buch zu nehmen und die nächsten Schritte zu lesen, solltest du die progressive Muskelentspannung, welche ich dir gleich mit auf den Weg geben werde, aufzeichnen. Wenn du dann die progressive Muskelentspannung durchführen möchtest, kannst du sie abspielen und dich währenddessen ganz auf dich und deinen Körper konzentrieren. Hierzu kannst du einfach dein Handy nutzen. Besonders praktisch: Du hast die progressive Muskelentspannung immer dabei, wenn du sie brauchst. Einfach Stöpsel ins Ohr und die Entspannung kann beginnen.

Wenn du dich dazu entschließt, die progressive Muskelentspannung mit deinem Handy aufzunehmen und während der Sitzung abzuspielen, dann achte auf eine ruhige Stimme und halte Pausen ein. Welche Pausen angemessen sind, erfährst du in dem Text, den ich dir gleich vorstellen möchte.

Wichtig für die Zeit der progressiven Muskelentspannung: Stelle alle störenden Quellen aus. Es sollten kein Radio und auch kein Fernseher laufen. Stelle die Türklingel ab und achte darauf, dass dein Handy und auch das Telefon auf lautlos gestellt sind.

Die progressive Muskelentspannung als Sitzung

Nimm zunächst eine bequeme Position im Liegen oder Sitzen ein. Zum Einstimmen kannst du eine kurze Atemübung aus diesem Buch wählen. Du kannst aber auch für eine Minute bewusst auf deine Atmung achten. Du merkst dabei, wie du mit jedem Atemzug ruhiger wirst.

Als Erstes lenkst du deine Konzentration auf deine linke Hand und den linken Unterarm. Spanne deine linke Hand und den linken Unterarm an, indem du ganz kräftig eine Faust ballst. Halte diese Anspannung für 8 Sekunden. Lass nun wieder locker und fühle für 8 Sekunden in die Entspannung hinein. Anschließend lenkst du deine Konzentration auf deine rechte Hand und den rechten Unterarm. Spanne deine rechte Hand und deinen rechten Unterarm an, indem du ganz kräftig eine Faust ballst. Halte diese Anspannung für 8 Sekunden. Lass nun wieder locker und fühle für 8 Sekunden in die Entspannung hinein.

Nun lenkst du deine Konzentration auf deinen linken Oberarm. Spanne deinen linken Oberarm an, indem du tust, als würdest du etwas ganz Schweres anheben wollen. Halte die Anspannung für 8 Sekunden. Lass nun wieder locker und fühle für 8 Sekunden in die Entspannung hinein. Anschließend lenkst du deine Konzentration auf deinen rechten Oberarm. Spanne deinen rechten Oberarm an, indem du tust, als würdest du etwas ganz Schweres anheben wollen. Halte die Anspannung für 8 Sekunden. Lass nun wieder locker und fühle für 8 Sekunden in die Entspannung hinein.

Konzentriere dich nun auf deine Stirn. Lege deine Stirn in Falten und ziehe dabei die Augenbrauen nach oben. Halte diese Position für 8 Sekunden. Nun lockerst du deine Stirn und fühlst für 8 Sekunden in die Entspannung.

Achte nun auf deine Augen und deine Nase. Kneife deine Augen zusammen, ziehe die Augenbrauen zusammen und rümpfe deine Nase. Halte diese Anspannung für 8 Sekunden. Löse die Anspannung auf und fühle für 8 Sekunden in die Entspannung hinein.

Konzentriere dich jetzt auf deine Hals- und Nackenmuskulatur. Drücke das Kinn so auf die Brust, dass du ein

Doppelkinn bekommst. Wenn du liegst, dann ziehe das Kinn leicht nach unten und drücke deinen Kopf in den Boden. Halte die Anspannung für 8 Sekunden. Löse die Anspannung auf und fühle für 8 Sekunden in die Entspannung hinein.

Lege nun den Fokus auf deine Schultern. Ziehe die Schultern zu deinen Ohren hin. Halte die Anspannung für 8 Sekunden. Löse die Anspannung auf und fühle für 8 Sekunden in die Entspannung hinein.

Nun konzentrierst du dich auf deine Brustmuskulatur. Hierzu drückst du die Schulterblätter nach unten zusammen, sodass sich deine Brust aufwölbt. Jetzt atmest du tief ein und behältst den Atem während der Anspannung für 8 Sekunden in deinen Lungen. Atme nun langsam aus und fühle für 8 Sekunden in die Entspannung hinein.

Als Nächstes liegt deine Konzentration auf deinem Unterleib. Spanne hierzu deine Bauchmuskeln an, als würdest du gerade einen Ball in den Bauch bekommen. Gleichzeitig bildest du mit deinem Rücken ein Hohlkreuz. Halte die Anspannung für 8 Sekunden. Löse die Anspannung auf und fühle für 8 Sekunden in die Entspannung hinein.

Nun konzentrierst du dich auf deine Gesäßmuskulatur. Kneife die Pobacken zusammen. Halte die Anspannung für 8 Sekunden. Löse die Anspannung auf und fühle für 8 Sekunden in die Entspannung hinein.

Konzentriere dich jetzt auf deinen linken Oberschenkel. Drücke für die Anspannung deinen linken Fuß kräftig auf den Boden. Halte die Anspannung für 8 Sekunden. Löse die Anspannung auf und fühle für 8 Sekunden in die Entspannung hinein.

Wechsle nun die Seite und konzentriere dich jetzt auf deinen rechten Oberschenkel. Drücke für die Anspannung deinen rechten Fuß kräftig auf den Boden. Halte die Anspannung für 8 Sekunden. Löse die Anspannung auf und fühle für 8 Sekunden in die Entspannung hinein.

Lenke nun deine Aufmerksamkeit auf deinen linken Unterschenkel. Ziehe die Fußspitzen des linken Fußes an. Spüre die Anspannung in deiner linken Wade. Halte die Anspannung für 8 Sekunden. Löse die Anspannung auf und fühle für 8 Sekunden in die Entspannung hinein.

Nun wechselst du wieder die Seiten. Lenke hierzu deine Aufmerksamkeit auf deinen rechten Unterschenkel. Ziehe die Fußspitzen des rechten Fußes an. Spüre die Anspannung in deiner rechten Wade. Halte die Anspannung für 8 Sekunden. Löse die Anspannung auf und fühle für 8 Sekunden in die Entspannung hinein.

Fokussiere dich nun auf deinen linken Fuß. Ziehe hierzu die Zehen des linken Fußes so zusammen, als würdest du einen Stift mit den Zehen aufheben wollen. Halte die Anspannung für 8 Sekunden. Löse die Anspannung auf und fühle für 8 Sekunden in die Entspannung hinein.

Wechsle die Seiten und konzentriere dich auf deinen rechten Fuß. Ziehe hierzu die Zehen des rechten Fußes so zusammen, als würdest du einen Stift mit den Zehen aufheben wollen. Halte die Anspannung für 8 Sekunden. Löse die Anspannung auf und fühle für 8 Sekunden in die Entspannung hinein.

Bleibe noch kurz liegen oder sitzen. Bewege langsam und entspannt deine Finger, Schultern und Arme. Atme drei- oder viermal tief ein und wieder aus. Gerne kannst du dich jetzt ausgiebig recken und strecken. Wenn du nun ziemlich entspannt und sogar müde geworden bist, dann öffne das Fenster und lass frische Luft herein.

Autogenes Training

Das autogene Training ist eine Entspannungstechnik, welche vor knapp 100 Jahren von dem Psychiater Johannes Heinrich Schultz ins Leben gerufen wurde. Bei dem autogenen Training handelt es sich um eine Selbstbeeinflussung. Du könntest es auch Autosuggestion oder

Selbsthypnose nennen. Dabei geht es nicht um Hokuspokus, sondern darum, wie du mit der Kraft deiner Gedanken und mit deiner Vorstellung dich selbst zur Ruhe bringst, mehr Entspannung erfährst und somit auch gegen deine Panikattacken angehen kannst.

Das Feld des autogenen Trainings ist groß. Jedoch gibt es Basisübungen, die besonders für Anfänger gut geeignet sind. Sie dauern etwa 10 Minuten und eine von den Basisübungen wie die Wärmeübung möchte ich dir gleich vorstellen. Doch zunächst möchte ich noch etwas loswerden.

Autogenes Training bedeutet nicht nur zur Ruhe zu kommen, sondern auch ein Gefühl für dich und deinen Körper zu bekommen und dem Stress einen Haken zu schlagen. Außerdem bewirkt das autogene Training, dass du dich auf verschiedene von dir gesetzte Schwerpunkte fokussierst. Du schulst dich also in Achtsamkeit. Bei dem autogenen Training kannst du auch als Anfänger gar nicht viel falsch machen. Und darum möchte ich dir an dieser Stelle einen Tipp für maximale Entspannung mit auf den Weg geben: Da es äußerst kontraproduktiv ist, während des autogenen Trainings immerzu das Buch zu nehmen und die nächsten Schritte zu lesen, solltest du das autogene Training, welches ich dir gleich mit auf den

Weg geben werde, aufzeichnen. Wenn du dann das autogene Training durchführen möchtest, kannst du es abspielen und dich währenddessen ganz auf dich und deinen Körper konzentrieren. Hierzu kannst du einfach dein Handy nutzen. Besonders praktisch: Du hast das autogene Training immer dabei, wenn du es brauchst: Einfach Stöpsel ins Ohr und die Entspannung kann beginnen.

Wenn du dich dazu entschließt, das autogene Training mit deinem Handy aufzunehmen und während der Sitzung abzuspielen, dann achte auf eine ruhige Stimme und halte Pausen ein. Das ist immer dann der Fall, wenn du in ein Körperteil hineinfühlen sollst. Wie lang die Pausen sind, kannst du selbst bestimmen.

Wichtig für die Zeit des autogenen Trainings: Stelle alle störenden Quellen aus. Es sollten kein Radio und auch kein Fernseher laufen. Stelle die Türklingel ab und achte darauf, dass dein Handy und auch das Telefon auf lautlos gestellt sind.

Wärmeübung

Diese Übung kannst du im Sitzen oder Liegen durchführen. Achte auf eine bequeme Körperhaltung. Lass deine Hände neben deinem Körper liegen. Wenn du dich für das Sitzen entschieden hast, dann lege deine Hände bequem auf deine Oberschenkel ab.

Schließe deine Augen und atme 3- oder 4-mal ganz tief durch die Nase ein und durch den Mund wieder aus. Konzentriere dich nun auf deinen rechten Arm. Fühle, wie warm dein rechter Arm ist. Fühle in aller Ruhe hinein und lass dir Zeit dabei. Stelle dir nun vor, wie dein Arm mit jedem Herzschlag etwas wärmer wird. Die Wärme ist angenehm wohlig und dein ganzer Arm ist mit dieser angenehmen Wärme versehen. Fühle in aller Ruhe hinein und lass dir Zeit dabei. Verweile so lange in der Wärme, wie es dir guttut.

Anschließend konzentrierst du dich auf deinen linken Arm. Fühle, wie warm dein linker Arm ist. Fühle in aller Ruhe hinein und lass dir Zeit dabei. Stelle dir nun vor, wie dein Arm mit jedem Herzschlag etwas wärmer wird. Die Wärme ist angenehm wohlig und dein ganzer Arm ist mit dieser angenehmen Wärme versehen. Fühle in aller Ruhe hinein und lass dir Zeit dabei. Verweile so lange in der Wärme, wie es dir guttut.

Konzentriere dich nun auf deinen Rumpf. Fühle, wie warm dein Rumpf ist. Fühle in aller Ruhe hinein und lass dir Zeit dabei. Stelle dir nun vor, wie dein Rumpf mit jedem Herzschlag etwas wärmer wird. Die Wärme ist ange-

nehm wohlig und dein ganzer Arm ist mit dieser angenehmen Wärme versehen. Fühle in aller Ruhe hinein und lass
dir Zeit dabei. Verweile so lange in der Wärme, wie es dir
guttut.

Konzentriere dich nun auf dein rechtes Bein. Fühle,
wie warm dein rechtes Bein ist. Fühle in aller Ruhe hinein
und lass dir Zeit dabei. Stelle dir nun vor, wie dein Bein
mit jedem Herzschlag etwas wärmer wird. Die Wärme ist
angenehm wohlig und dein ganzes Bein ist mit dieser angenehmen Wärme versehen. Fühle in aller Ruhe hinein
und lass dir Zeit dabei. Verweile so lange in der Wärme,
wie es dir guttut.

Anschließend konzentrierst du dich auf dein linkes
Bein. Fühle, wie warm dein linkes Bein ist. Fühle in aller
Ruhe hinein und lass dir Zeit dabei. Stelle dir nun vor, wie
dein Bein mit jedem Herzschlag etwas wärmer wird. Die
Wärme ist angenehm wohlig und dein ganzer Arm ist mit
dieser angenehmen Wärme versehen. Fühle in aller Ruhe
hinein und lass dir Zeit dabei. Verweile so lange in der
Wärme, wie es dir guttut.

Bleibe nun noch einen Augenblick liegen. Spüre, wie
die Wärme durch deinen Körper fließt. Es tut dir un-
glaublich gut. Du fühlst dich geborgen, geschützt und du
bist ganz ruhig. Mit jedem Herzschlag schickt dein Herz
erneut Wärme durch deinen ganzen Körper. Fühle, wie

die Wärme sich von deinem Herzen bis in die Finger- und Fußspitzen ausbreitet. Verweile so lange in diesem Moment, wie es dir guttut. Du bist nun ganz entspannt, ruhig und ganz ohne Angst.

Öffne nun die Augen. Balle deine Hände einmal zu einer Faust und strecke dich kräftig. Stehe dann auf und gehe ein paar Schritte.

Yoga

Das Image vom Yoga hat sich in den letzten Jahren gewandelt und wurde kräftig entstaubt. Zu Unrecht wurden Menschen, welche Yoga praktizierten, als Hippies und Randgruppe abgetan. Heute weiß man jedoch, dass Yoga viel mehr ist als einfach nur ein paar Dehnübungen und Verrenkungen, wie es einst belächelt wurde.

Die Hauptaufgabe des Yogas ist es, deinen Körper, deinen Geist und deine Seele in Einklang zu bringen. Demnach ist das Ziel, zur Ruhe zu kommen und sich selbst zu finden. Besonders in Bezug auf Panikattacken hat sich Yoga bewährt, verbindet es doch viele verschiedene Komponenten, die sich als wirksam gegen Panikattacken herausstellten. Zum einen bist du in Bewegung und Bewegung hilft dabei, Stress und auch die Angst abzubauen. Zum anderen hat Yoga meditative Komponenten, welche dich beruhigen und entspannen.

Vielleicht eignet sich Yoga weniger gut, wenn du eine Panikattacke mitten in einem Meeting bekommst. Allerdings kannst du, sofern du verschiedene Yogaübungen regelmäßig praktizierst, dauerhaft davon profitieren.

Wenn du dem Yoga nachgehen willst, dann solltest du auf bequeme Kleidung achten. Auch für Yoga ist es wichtig, dass du ungestört deinen Übungen nachgehen kannst. Es sollten daher auch beim Yoga kein Radio und auch kein Fernseher laufen. Stelle die Türklingel ab und achte darauf, dass dein Handy und auch das Telefon auf lautlos gestellt sind.

Der Baum

Der Baum ist eine sehr bekannte Übung. Die Übung schenkt dir Balance und vermittelt außerdem das Gefühl, dass du fest verwurzelt bist wie ein Baum, dessen Wurzeln tief in das Erdreich reichen und dem kein Wind so schnell etwas zuleide kann. Der eigentliche Name des Baums ist Vrikshasana.

Für diese Übung stellst du dich aufrecht hin. Deine Füße stehen hüftbreit auseinander und dein Gewicht ist auf beiden Füßen gleichmäßig verteilt. Verlagere nun dein Gewicht auf den rechten Fuß. Hebe dein linkes Bein an und lege den Fuß auf die Innenseite deines rechten Oberschenkels. Ist dir der Oberschenkel noch zu hoch, dann lege deinen Fuß auf die Innenseite der rechten Wade. Wenn es dir einfacher fällt, kannst du hierzu auch deine Hand zu Hilfe nehmen, um deinen Fuß richtig zu platzieren. Versuche aber, dabei das Gleichgewicht zu halten. Wenn du einen sicheren Stand gefunden hast, dann lege deine Hände wie zum Gebet vor der Brust zusammen. Du kannst die Augen schließen oder geöffnet lassen, ganz wie es dir lieber ist. Nun hältst du ganz ruhig und friedlich diese Position für 5 tiefe und ruhige Atemzüge. Löse die Übung dann auf, indem du deine Hände sinken lässt und deine Füße beide hüftbreit auseinander auf dem Boden stehen und dein Gewicht gleichmäßig tragen. Atme nun für 5 Atemzüge tief und ruhig ein und wieder aus.

Dann verlagerst du dein Gewicht auf den linken Fuß. Hebe dein rechtes Bein an und lege den Fuß auf die Innenseite deines linken Oberschenkels. Ist dir der Oberschenkel noch zu hoch, dann lege deinen Fuß auf die Innenseite der linken Wade. Wenn es dir einfacher fällt, kannst du hierzu auch deine Hand zu Hilfe nehmen, um deinen Fuß richtig zu platzieren. Versuche aber, dabei das Gleichgewicht zu halten. Wenn du einen sicheren Stand gefunden hast, dann lege deine Hände wie zum Gebet vor der Brust zusammen. Du kannst die Augen schließen oder geöffnet lassen, ganz wie es dir lieber ist. Nun hältst du ganz ruhig und friedlich diese Position für 5 tiefe und ruhige Atemzüge. Löse die Übung dann auf, indem du deine Hände sinken lässt und deine Füße beide hüftbreit auseinander auf dem Boden stehen und dein Gewicht gleichmäßig tragen. Atme nun für 5 Atemzüge tief und ruhig ein und wieder aus. Deine erste Yogaübung ist vollbracht.

Der herabschauende Hund

Diese Yogaübung wirkt beruhigend, reguliert die Verdauung und dehnt deinen ganzen Körper. Sie wird auch Adho Mukha Svanasana genannt.

Du beginnst diese Übung im Vierfüßler-Stand. Verteile dein Gewicht hierzu gleichmäßig auf deine Knie und die Hände. Verlagere nun dein Gewicht, indem du deine Hüfte hochstreckst und von den Knien auf die Füße kommst. Dein Po ist nun der höchste Punkt. Achte darauf, dass du deine Knie nicht überstreckst und die Fersen fest am Boden bleiben. Dein Kopf ist gerade und die

Schultern drückst du runter. Du solltest noch nicken und mit dem Kopf schütteln können. Halte diese Position für 5 ruhige und tiefe Atemzüge.

Löse die Übung auf, indem du das Gewicht von deinen Füßen auf die Knie zurück verlagerst. Du kommst in den Vierfüßler-Stand zurück. Verweile noch für 5 ruhige und tiefe Atemzüge in der Position. Deine zweite Yoga-Übung ist geschafft.

Lebensmittel, die du aus dem Programm nehmen solltest

Wie es bei vielen Dingen der Fall ist, so bilden die Panikattacken keine Ausnahme: Einige Lebensmittel können Panikattacken begünstigen und dazu führen, dass Panikattacken stärker auftreten oder sogar dadurch ausgelöst werden.

Allen voran steht der **Alkohol**. Alkohol wirkt sich oftmals beruhigend auf den Körper aus. Das ist doch zunächst positiv, oder? Alkohol entspannt dich und löst deine Angst. Doch die Wirkung des Alkohols lässt irgendwann nach und dann kommt die Angst im vollen Umfang und stärker zurück. Du müsstest also wieder Alkohol trinken, um die Panikattacken zu vermeiden. Irgendwann reicht das Gläschen Wein oder die Flasche Bier nicht mehr aus. Dann müssen es zwei Gläser Wein oder zwei Flaschen Bier sein. Das steigert sich immer weiter und irgendwann ist eine Grenze erreicht. Dann kommen die Panikattacken trotz Alkohol. Außerdem hast du ein zusätzliches Problem, welches schleichend gekommen ist: Du bist abhängig vom Alkohol und kämpfst nun an zwei Fronten. Alkohol solltest du also tunlichst vermeiden, wenn du etwas gegen deine Panikattacken tun möchtest.

Ein weiteres Lebensmittel, welches du bei Panikattacken vermeiden solltest, ist **Koffein**. Dazu zählen beispielsweise Kaffee und auch Cola. Koffein wirkt aufputschend und kann somit Panikattacken begünstigen. Wenn du den Kaffee als Genussmittel nicht streichen möchtest, dann versuche es doch mit entkoffeiniertem Kaffee. Trotzdem solltest du es hier nicht übertreiben. Eine Tasse am Morgen und eine Tasse am Nachmittag sind vollkommen okay. Wenn du nun denkst, dass du auf Tee umschwenken kannst, dann steht dir das natürlich frei. Aber achte auf Früchte- und Kräutertees ohne Schwarzteeanteil. Schwarzer Tee beinhaltet ebenfalls Koffein. Energydrinks solltest du übrigens auch streichen, denn dort findest du ebenfalls Koffein.

Drogen, das ist ein gesondertes Thema. Die meisten Drogen sind in Deutschland nicht erlaubt und somit illegal. Das bedeutet aber nicht, dass sie nicht konsumiert werden. Lassen wir die harten Drogen einmal beiseite. Ich nehme an, dass du selbst weißt, dass harte Drogen in keinen Körper gehören und hochgradig gesundheitsschädlich sind! Weiche Drogen, dazu zählen Alkohol, Nikotin, aber auch Marihuana, sind teilweise legal zu bekommen (Alkohol und Zigaretten), teilweise aber auch illegal (Marihuana). Trotzdem weißt du sicher über die entspannende Wirkung einer Tüte Bescheid. Hier verhält es sich wie bei dem Alkohol schon beschrieben. Für den Moment sind deine Ängste gelöst und wie weggeblasen. Doch sobald die Wirkung nachlässt, kommt das böse Erwachen und davor ist niemand gefeit. Der Teufelskreis beginnt auch hier und ebnet nicht selten den Einstieg in die harten Drogen, da die Wirkung des THCs nicht mehr ausreicht. Lass also besser die Finger davon. Du lachst dir damit nur mehr Probleme an, die auch in der Illegalität münden.

Panikattacken können aber nicht nur durch Lebensmittel, sondern auch durch **Medikamente** begünstigt werden. Mit den Medikamenten verhält es sich aber ein wenig anders als bei den vorher beschriebenen Lebensmitteln. Natürlich löst eine Tablette Paracetamol keine

Panikattacken aus. Medikamente, welche Panikattacken auslösen, werden oftmals bei ernsthaften Krankheiten verschrieben. Beispielsweise Phosphodiesterase-5-Hemmer, ein Blutdruckmittel, kann zu Panikattacken führen. Allerdings ist es nun die denkbar ungünstigste Idee, das Medikament auf eigene Faust abzusetzen. Zu groß ist die Gefahr, dass du die Panikattacken dann gegen ernsthafte und lebensbedrohliche Zustände eintauschst. Solltest du Medikamente einnehmen und du hast den Verdacht, dass diese Medikamente mit den Panikattacken in Verbindung stehen, dann suche bitte das Gespräch mit deinem Arzt. Der Arzt kann zum einen bestimmen, ob die Panikattacken tatsächlich vom Medikament herrühren, und wenn ja, gegen welches Medikament es sich austauschen lässt. Bitte unternehme niemals eigeninitiativ ein Absetzen von Medikamenten! Das kann mitunter gefährlich werden.

Du bist es wert

Das liebe Selbstwertgefühl, der eine hat es, der andere hat es ein bisschen und dann gibt es Menschen wie dich, die haben anscheinend gar nichts davon abbekommen. Denkst du zufällig so? Dann lass dir nun gesagt sein, dass das völliger Unsinn ist. Ich kann deinen nächsten Gedanken schon erahnen: „Was will der Mario eigentlich? Der kennt mich doch gar nicht. Der hat hier ein Buch geschrieben und meint, etwas über mich und mein Selbstwert zu wissen!"

Wenn du nun aber ganz ehrlich zu dir bist, dann weißt du, dass ich recht habe und es um dein Selbstwertgefühl nicht besonders gut gestellt ist. Woher ich das weiß? Die meisten Menschen, welche an Panikattacken leiden, haben gleichzeitig ein geringes Selbstwertgefühl. Die gute Nachricht möchte ich aber gleich hier hinterherschicken: Niemand wird mit einem gut ausgeprägten Selbstwertgefühl geboren. Ein jeder Mensch muss das Selbstwertgefühl im Laufe seines Lebens erlernen.

Mit dem Selbstwertgefühl gehen **Glaubenssätze** einher. Glaubenssätze, das sind Annahmen, welche in uns und unserer Weltanschauung fest verankert sind. Du nimmst also das wahr, was du mit deinem Glaubenssatz in dir trägst. Ein Beispiel möchte ich dir hierzu geben: Wenn du der Überzeugung bist, dass deine Umwelt gefährlich ist, dann wirst du deine Umwelt auch als einen gefährlichen Ort wahrnehmen.

Was hat das nun mit dem Selbstwertgefühl gemein? Wenn du den Glaubenssatz in dir trägst, dass du zu schwach bist und es sowieso nicht schaffen wirst, dann ist es nur logisch, dass dein ganzes Handeln und Denken auf das Scheitern ausgelegt ist. Das wiederum schwächt dein

Selbstwertgefühl. Glaubenssätze sind zum Glück jedoch nicht in Stein gemeißelt und können sich verändern. Das ist selbsterklärend mit Arbeit deinerseits verbunden.

Natürlich kann ich dir in diesem Abschnitt zum Thema Panikattacken keine ganz neue Welt eröffnen. Dazu ist das Thema zu komplex und muss gesondert beleuchtet und ausgearbeitet werden. Im Rahmen dieses Buches ist es mir aber möglich, dir Hilfestellungen zu geben, damit du deine Glaubenssätze und dein Selbstwertgefühl dahingehend veränderst, dass die Panikattacken erträglicher werden. Wie aber funktioniert das Ganze nun?

Zunächst brauchst du wieder dein Tagebuch. Schreibe hier alle Dinge rein, die dein Selbstwertgefühl betreffen. Schreibe sowohl die negativen Dinge als auch die positiven Dinge auf. Nimm nun drei Farben. Grün steht für die positiven Aussagen, welche du zu deinem Selbstwertgefühl getätigt hast. Gelb steht für neutrale Aussagen und mit Rot markierst du alle Aussagen, die negativ sind. Schreibe als Nächstes alle Glaubenssätze von dir auf und markiere sie ebenfalls wie beschrieben.

Im nächsten Schritt fokussieren wir uns auf deine negativen Aussagen. Beginnen wir hierzu bei deinem Selbstwertgefühl.

Beispiel:

Ich schaffe es einfach nicht, genügend Leistung zu bringen. Diesen Satz wandelst du um in: Ich bringe so viel Leistung, wie ich kann. Das ist gut und ausreichend. Ich bin es mir wert, genau die Leistung zu bringen, die ich kann. Nicht mehr und nicht weniger.

Nun möchte ich dir ein Beispiel für deine Glaubenssätze geben:

Ich bin der Überzeugung, dass alle anderen Menschen besser sind als ich. Diesen Satz wandelst du um in: Ich bin gut, so wie ich bin. Es gibt Menschen, die sind in einigen Dingen besser als ich. Es gibt aber auch Menschen, die sind in diesen Dingen schlechter als ich. Ich bin ich und das macht mich aus. Ich bin wertvoll und kann mich einbringen.

Gehe so nun mit all deinen negativen Selbstwertgefühlen und Glaubenssätzen vor. Schreibe sie erkenntlich mit grüner Farbe und verinnerliche diese, indem du dir die neuen Glaubenssätze immer und immer wieder vor Augen führst. Du wirst sehen, dass du mit der Zeit diese Glaubenssätze verinnerlichst und somit auch dein Selbstwertgefühl wächst. Beides macht dich stärker und die Panikattacken werden reduziert oder überraschen dich nicht mehr so eiskalt.

Ein Zwiegespräch

Wer Selbstgespräche führt, ist wahnsinnig und irre? Mitnichten! Tatsächlich ist es genau andersherum. Wer Selbstgespräche führt, der kann seine Gedanken besser ordnen, Chaos lichten und Stress reduzieren. Außerdem fördern Selbstgespräche die kreativen Lösungen, die in uns schlummern. Was hat das alles jetzt mit Panikattacken zu tun und wie kann dir das alles helfen?

Du kannst Selbstgespräche positiv und negativ führen. Wenn du eine Panikattacke bekommst, dann hattest du bestimmt schon einmal Gedanken wie „Ich bin dem einfach schutzlos ausgeliefert!" oder „Mir kann niemand helfen, ich werde sterben!". Du hast ein negatives Selbstgespräch geführt und dir damit nicht gerade Mut zugesprochen. Würdest du genau das auch einem guten Freund oder einer guten Freundin sagen? Wahrscheinlich eher nicht. Während einer Panikattacke bist du es, der dir als Einziger helfen kann.

Du merkst, dass sich eine Panikattacke anbahnt. Dann solltest du das Gespräch mit dir selbst suchen. Beruhige

dich selbst. Erzähle dir, dass es nicht die erste Panikattacke ist, die du hinter dich bringen musstest. Führe dir vor
Augen, dass es zwar äußerst unangenehm ist, jedoch
keine lebensbedrohlichen Erkrankungen dahinterste-
cken. Ermuntere dich im Zwiegespräch dazu, die verschiedenen Methoden auszuprobieren, beispielsweise
eine Atemübung oder zeige auf, wie stark du bist. Du hast
so viel in deinem Leben erreicht, dann wirst du diese Panikattacke auch schaffen.

Doch nicht nur während einer Panikattacke machen
Zwiegespräche Sinn. Und das belegt auch ein Experiment, welches an der Dietrich Dörner Universität Bam-
berg unter der Leitung des Psychologen Ralph Reimann
durchgeführt wurde. In dem Experiment wurden Studenten beauftragt, Fahrräder zu reparieren. Das wurde mit
der Kamera aufgezeichnet. Jene Studenten, welche laute
Selbstgespräche führten, arbeiteten nicht nur struktu-
rierter, sondern waren auch konzentrierter. Wie du
siehst, lohnt es sich also Selbstgespräche zu führen. Noch
ein Punkt spricht nach diesem Experiment für die Zwiegespräche während einer Panikattacke: Du bietest dir
selbst Struktur an, während das Chaos versucht, dich zu
übermannen. Du kannst deine Konzentration mittels

Selbstgespräche auf die verschiedenen Entspannungstechniken lenken und wirst nicht so stark von den Panikattacken eingenommen.

Selbstgespräche lohnen sich also. Probiere es doch einfach einmal aus.

Was geschehen soll, wird geschehen

„Hätte, hätte, Fahrradkette" oder „Wenn das Wörtchen ,wenn' nicht wär, wär ich schon längst Millionär". Kennst du solche Sätze auch? Natürlich, ein bisschen nervig ist es schon, mit solchen Sprüchen abgefertigt zu werden. Aber nicht zu verkennen ist die Wahrheit, die sich dahinter verbirgt. Manche Dinge sind nämlich so, wie sie sind. Du kannst es nicht ändern und tief in dir drin weißt du das auch. Das Problem bei der Sache: Du verschwendest eine Menge Energie darauf, dich gegen Dinge zu wehren, die nicht zu ändern sind. Dazu zählen übrigens auch Panikattacken!

Du bist kein unbeschriebenes Blatt bezüglich einer Panikattacke. Sicherlich hast du schon einige Panikattacken ertragen müssen. Konntest du dich bisher einmal dagegen wehren? Hast du es einmal geschafft, der Panikattacke von der Schippe zu springen? Wahrscheinlich nicht! Aber du hast dich bis zum Schluss dagegen gewehrt.

Das soll nun nicht bedeuten, dass der Kampf gegen Panikattacken aussichtslos ist. Denn das ist er ganz und gar nicht! Allerdings hast du ganz viel Energie in den Versuch reingesteckt, etwas zu verhindern, was sowieso geschehen wird. In diesem Fall, dass dich die Panikattacke erwischt. Hier tun sich gleich mehrere Probleme auf: Zum einen hast du Energie verschwendet. Energie, die du gebrauchen könntest, damit die Panikattacke erträglicher wird und du im Anschluss nicht so erschöpft bist. Diese Energie fehlt nun aber. Zum anderen kommt die Panikattacke so oder so, sofern sie noch nicht behandelt wird. Je mehr du dich dagegen wehrst, umso schlimmer wird es am Ende.

Nun ist es ein wenig überheblich, wenn ich sage, dass du dich der nächsten Panikattacke ganz entspannt öffnen sollst. Das ist nämlich genau so wenig möglich, wie sich einer Panikattacke ohne ausreichendes Werkzeug zu widersetzen!

Was aber bringt dir die Erkenntnis nun? Wenn sich demnächst eine Panikattacke anbahnt, dann versuche nicht, dich dagegen zu wehren. Nimm sie an und akzeptiere, dass sie anrollt und über dich hinwegfegt. Statt dich aufzulehnen und die Gefühle zu unterdrücken, beginne mit verschiedenen Methoden, welche du hier in diesem

Buch kennengelernt hast. Beginne mit Atemübungen, einer Meditation oder der progressiven Muskelentspannung. Nimm die Situation an und versuche, das Beste daraus zu machen. Bleibe bei dir, denn ändern kannst du es **noch** nicht.

Erste-Hilfe-Koffer

Menschen mit einer Borderline-Störung kennen den Erste-Hilfe-Koffer bereits. Auch bei Angstpatienten wird der Erste-Hilfe-Koffer immer beliebter. Doch was hat es damit auf sich?

Zunächst einmal ist der Koffer sinnbildlich gemeint. Du musst natürlich keinen Koffer mit dir herumtragen. Du kannst eine kleine Tasche oder ein kleines Kästchen wählen. Die Größe richtet sich hierbei nach dem Inhalt. Doch was ist der Inhalt?

In so einem Erste-Hilfe-Koffer kommen alle Dinge, die dir bei einer Panikattacke helfen. Das kann beispielsweise der Zitronensaft oder die Chilischote sein. Du kannst Nummern aufschreiben und diese in den Koffer geben. Nummern von Personen, die dir während und nach einer Panikattacke helfen können. Außerdem kannst du Karteikarten mit Stichpunkten in den Koffer geben, welche einen roten Faden darstellen, beispielsweise, dass du Selbstgespräche führst oder positive Glaubenssätze, die du bereits ausgearbeitet hast. Vielleicht möchtest du aber auch dein Tagebuch in den Koffer legen. Wenn es dir zur Beruhigung hilft, dann hat auch das Lavendelöl in diesem Koffer Platz. Kurzum: In den Koffer kommt all das, was dir vor, während und nach einer Panikattacke hilft, sodass du wieder zur Ruhe kommst.

Welche Dinge das für dich persönlich sind, musst du durch das Ausprobieren herausfinden. Hier gibt es aber kein Richtig und kein Falsch. Frei nach dem Motto: Erlaubt ist, was hilft!

Wenn sich nun eine Panikattacke anbahnt, dann kannst du aus dem Fundus des Koffers schöpfen und die schwere Zeit der Panikattacke erträglicher für dich gestalten. So schlägst du gleich mehrere Fliegen mit einer Klappe. Zum einen wirst du von der Panikattacke abgelenkt. Schließlich bist du gerade mit deinem Notfallkoffer beschäftigt. Zum anderen gibt dir der Koffer aber auch Sicherheit und Halt. Du lernst mit der Zeit, dass du in der Lage bist, dich kontrolliert durch die Panikattacke zu bringen. Du bist dem nicht länger schutzlos ausgeliefert, sondern kannst aktiv werden und dir etwas Gutes tun. Diese Erkenntnis stärkt dich nachhaltig und das nicht nur in Bezug auf Panikattacken. Sie stärkt dein Selbstwertgefühl, dein Selbstvertrauen und dein Selbstbewusstsein.

Im Laufe der Zeit bekommst du außerdem ein Gespür dafür, was dir in welcher Situation guttut und was nicht. Du kannst dich und die Panikattacken besser einschätzen und somit kannst du dir noch besser helfen.

Den Erste-Hilfe-Koffer, der eigentlich kein Koffer ist, kannst du überallhin mitnehmen, ohne dass es offensichtlich ist, was du mit dir führst. Ein unglaublicher Schatz, der eine besondere Bedeutung für dich hat und dir hoffentlich bei den nächsten Panikattacken gut zur Seite stehen wird.

Waldbaden

Wenn du zuvor noch keine Berührungspunkte mit dem Waldbaden hattest, dann kann es dir ein wenig suspekt erscheinen. Vielen kommt der Gedanke in den Sinn, dass Menschen in den Wald gehen, in Trance umherirren und Bäume umarmen. Doch das ist ein genauso eingestaubter Aberglaube, wie es beim Yoga oder dem autogenen Training auch der Fall war. Heute weiß man, dass Waldbaden dem Körper und der Seele guttut, dich entschleunigt, deinen Stress reduziert und dein Wohlbefinden steigert.

Viele Menschen leben in großen Städten, werden getrieben von den Verpflichtungen und haben kaum noch Zeit, um zur Ruhe zu kommen. Alles verändert sich in einem rasenden Tempo, sodass man kaum noch hinterherkommt. Standhaftigkeit, Ruhe und eine sture Gelassenheit gegenüber Veränderungen, das bietet nur der Wald. Kontrastreicher könnte es gar nicht sein. Die Bäume in einem Wald sind Hunderte von Jahren alt. Sie sahen Menschen kommen und Menschen gehen. Sie sahen noch die Menschen auf den Pferden als Fortbewegungsmittel umherreiten. Sie sahen die ersten Autos und das schnelle und hektische Leben heute. Doch all das lässt sie vollkommen unberührt. Sie stehen da, ihre Wurzeln reichen bis weit in das Erdreich und versorgen uns mit frischer und gesunder Luft. Es gibt keine Wertigkeit, sondern nur den Augenblick. Hört sich das für dich verlockend an? Triggert das vielleicht sogar Sehnsüchte und Wünsche? Dann solltest du das Waldbaden unbedingt für dich entdecken. Doch worum geht es beim Waldbaden genau?

Beim Wandern oder Laufen geht es darum, ein Ziel zu erreichen. Die Wege führen dabei durch schöne Landschaften. Doch dein Fokus liegt immer auf dem Ziel. Beim Waldbaden ist das genau umgekehrt. Es gibt keinen Weg, der gegangen werden muss. Du befindest dich im Wald und nimmst diesen ganz bewusst mit deinen Sinnen

wahr. Du riechst die würzige Luft, du nimmst das Licht-
spiel wahr und du fühlst das Moos unter deinen Füßen.
Beim Waldbaden bewegst du dich zwar auch durch den
Wald, allerdings gehst du ein gemütliches Tempo und du
verweilst an den Orten, die dir guttun. Du bestimmst also
allein die Route und die Geschwindigkeit. Dabei kannst
du völlig frei sein. Du kannst über Baumstämme balan-
cieren, du kannst Waldwege entlanggehen oder durch
kleine Waldbäche schlendern. Erlaubt ist, was guttut.
Auch eine Yoga-Übung, eine Meditationseinheit oder
eine Atemübung im Wald sind möglich. Wie du siehst, es
gibt ganz viele verschiedene Möglichkeiten, dein Waldbad zu einem besonderen und entspannten Highlight zu
gestalten. Da das Waldbaden für jeden etwas anders ist,
möchte ich dir gerne noch 5 Tipps mit auf den Weg geben,
wie du dein Waldbad zu einem besonderen Erlebnis machen kannst:

- Versuche, dein Denken auszustellen. Nimm
  stattdessen deine Gefühle und Bewegungen in dir
  wahr, während du den Wald erkundest.
- Beim Waldbaden geht es darum, dem Stress zu
  entkommen. Wähle daher ein Tempo, welches
  dich entspannt. Sorge immer wieder für kleine

Erholungspausen, sobald du Anstrengung verspürst.

- Versuche, dich frei von zeitlichen Verpflichtungen zu machen, und bleibe im Hier und Jetzt. Denke nicht an die Termine, welche du morgen hast. Morgen ist morgen und Jetzt ist jetzt.
- Lass dich nicht stören. Wenn du dein Handy dabeihast, dann stelle es aus oder nutze den Offline-Modus. Das Handy nur auf lautlos zu stellen, wird nicht reichen. Wenn du nämlich einmal die Uhrzeit checkst und dann Mails und Nachrichten siehst, wirst du diese lesen und dann ist es vorbei mit der Entspannung.
- Versuche, während deines Waldbades entspannt zu atmen. Eine bewusste und tiefe Atmung ist entspannend und kann dein Erlebnis nur verbessern.

Übrigens ist es ganz einfach, Waldbaden zu praktizieren. Deutschland ist nämlich das waldreichste Land in ganz Mitteleuropa. Rund 11,4 Millionen Hektar der deutschen Fläche sind mit Wald versehen. Das macht es dir leicht, einen Wald zum Waldbaden zu finden.

Malen

Malen, das bedeutet nun nicht, dass du der neue van Gogh oder Monet werden sollst! Es geht noch nicht einmal darum, Kunstwerke zu schaffen. Bei dem Malen, wie ich es dir hier vorstelle, ist der Weg das Ziel. Und der Weg bedeutet, tiefe Entspannung zu erreichen und den Stress abzubauen.

Natürlich gibt es viele verschiedene Möglichkeiten, wie du mit dem Malen Stress reduzieren kannst. In diesem Zusammenhang können sich auch deine Panikattacken reduzieren und abflachen lassen. Hierzu möchte ich dir gerne einige Möglichkeiten aufzeigen.

Mandalas

Mandalas sind natürlich der Klassiker, wenn es um Ruhe und Entspannung geht. Von innen nach außen gemalt oder von außen nach innen: Der Fokus liegt auf der filigranen Ausarbeitung des Mandalas. Beim Ausmalen von Mandalas können ähnlich entspannte Zustände eintreten, wie du sie mit der Meditation oder einer anderen Entspannungstechnik auch herbeiführen kannst. Während du nämlich dein Mandala ausmalst, liegt der Fokus deiner Konzentration ganz beim Ausmalen. Du musst beim Malen eines Mandalas nicht auf Schönheit achten, schließlich sind die Formen bereits vorgegeben. Durch die monotone Aufgabe, das Ausmalen, kannst du herrlich entspannen und abschalten. Bei den meisten Mandalas wiederholen sich Muster und Formen. Das trägt außerdem dazu bei, dass du dich richtig entspannen kannst. Doch gibt es auch Spielregeln beim Malen eines Mandalas. Du solltest dir zunächst einen Ort suchen, der ruhig ist. Achte darauf, dass Störquellen deine Konzentration nicht beeinträchtigen. Schalte das Telefon und Handy aus. Verfahre ebenso mit der Türklingel. Wenn du aber gerne möchtest, kannst du ruhige Musik im Hintergrund laufen lassen. Bei der Wahl des Mandalas solltest du dein Bauchgefühl entscheiden lassen. Wähle nur Mandalas aus, die dir zusagen. Zum Ausmalen kannst du viele Stiftarten wählen. Das können Buntstifte, aber auch Filzstifte sein. Du kannst dich hier ganz auslassen und alles ausprobieren. Natürlich kannst du die verschiedenen Stiftarten auch in einem Mandala mixen. Fühl dich hier völlig frei. Ähnlich wie bei allen anderen Entspannungstechniken auch, solltest du dein Denken abstellen. Denke nicht darüber nach, welche Form welche Farbe bekommen soll. Male einfach drauf los und staune, was sich am Ende daraus ergibt. Gleiches zählt für die Perfektion. Das Mandala muss nicht fertig gemalt werden. Es muss nicht perfekt sein und natürlich kannst du auch übermalen. Es kommt beim Malen eines Mandalas noch nicht einmal auf das Malen an sich an. Vielmehr geht es darum, dass du Zeit mit dir gefunden und genutzt hast, um zur Ruhe und somit zur Entspannung zu kommen. Wenn du das alles berücksichtigst, kann gar nichts mehr schief gehen. Auch wenn du meinst, kein Künstler zu sein, probiere es trotzdem einmal aus und schaue, wie es auf dich wirkt.

Zentangle

Zentangle, das ist eine besondere Form des Malens. Wie auch beim Mandala stehen hier sich wiederholende Muster im Vordergrund, welche eine meditative Wirkung haben. Zentangle werden daher auch als Yoga für das Gehirn bezeichnet. Auch beim Zentangle musst du kein Künstler sein. Ganz im Gegenteil! Es geht darum, Erwartungshaltungen loszulassen und sich frei im Moment entfalten zu können. Und dazu brauchst du noch nicht einmal viel. Du brauchst lediglich ein Papier und einen Stift und schon kann das Tanglen, wie das Malen von Zentangle genannt wird, losgehen.

Ursprünglich wird ein Zentangle auf ein 9 x 9 cm großes Papier gemalt. Im Laufe der Zeit entstanden so aber etliche Kunstwerke, welche die Größe 9 x 9 cm längst überschritten haben. Doch bleiben wir für den Anfang einmal bei 9 x 9 cm. In dieses Quadrat werden sich immer wiederholende Muster gezeichnet. Das können Linien, Kreise, Punkte und Wellen sein. Erlaubt ist, was gefällt. Beim Tanglen geht es nicht darum, dass du ein fertiges Bild im Kopf hast, welches du zu Papier bringst. Du lässt dich intuitiv treiben. Das bedeutet, dass du nach deinen inneren Impulsen malst. Hier kann noch eine Linie hin, dort ist ein Kreis nett. Und so entsteht ein einzigartiges Zentangle, was es noch nie zuvor gegeben hat und auch nie wieder geben wird.

Auch das Zentangle bietet eine Menge Vorteile. Dadurch, dass du intuitiv und impulsiv die Linien setzt, fokussierst du dich ganz auf den Moment im Hier und Jetzt. Das entspannt dich und lenkt dich von stressigen Situationen ab, die noch auf dich warten. Außerdem erweckst du deine Kreativität. Beim Tanglen ist jeder ein Künstler und das stärkt das Selbstwertgefühl, das Selbstvertrauen und das Selbstbewusstsein. Wie du bereits weißt, ist all das wichtig, wenn es darum geht, Panikattacken abzumildern. Die ursprünglichen Zentangle werden mit schwarzer Tinte auf weißem Papier gemalt. Doch das muss längst nicht mehr sein. Du kannst auch mit farbigen Stiften arbeiten. So kannst du noch besser deine aktuelle

Stimmung zum Ausdruck bringen. Für Zentangle eignen sich übrigens Fineliner am besten. Natürlich kannst du aber auch einen Kugelschreiber oder Blei- sowie Buntstifte wählen. Wichtig ist jedoch, dass die Stifte eine feine Spitze haben, damit du filigran arbeiten kannst. Auch beim Zentangle solltest du auf Ablenkung von außen verzichten. Stelle daher dein Telefon und Handy auf lautlos und achte auch darauf, dass die Türklingel deine Entspannung nicht stört. Wenn du möchtest, so kannst du natürlich ruhige und entspannte Musik im Hintergrund laufen lassen. Du kannst, musst aber nicht, dir zeitliche Limits für die Zentangle setzen. Grundsätzlich ist das Tanglen aber immer und jederzeit möglich. Auch dann, wenn sich eine Panikattacke anbahnt. Die ersten Zentangle kannst du auch gerne in dein Tagebuch malen. Wenn im Laufe der Zeit immer mehr dazukommen, kannst du deinen Verlauf gut beobachten.

Handarbeit und Heimwerken

Handarbeit und Heimwerken eignen sich ebenfalls dazu, zur Ruhe zu kommen und Entspannung zu finden. Allerdings solltest du darauf achten, besonders beim Heimwerken auf Pflichtaufgaben zu verzichten. Zumindest dann, wenn du die bewusste Entspannung suchst. Denn Pflichtaufgaben wie das verstopfte Rohr zu reinigen oder die Schranktür neu anzubringen haben wenig mit Entspannung zu tun. Es sind die lästigen Übel, die eben zum Alltag dazugehören.

Vielleicht träumst du aber schon lange von einem Projekt, bei dem du etwas aus Holz baust. Vielleicht wolltest du dir aber schon immer mal einen Pullover stricken oder eine Mütze häkeln. Handarbeiten und Heimwerken sind in vielerlei Hinsicht gut geeignet, um Panikattacken vorzubeugen oder diese abzumildern. Zum einen sind die Gründe bereits beim Malen angeführt worden. Du fokussierst dich auf eine Aufgabe. Deine Gedanken sind abgelenkt und du kannst dich entspannen. Zum anderen bist du aber auch beschäftigt und hast etwas zu tun. Wie du bereits in Erfahrung gebracht hast, sind Panikattacken besonders schlimm, wenn du still verharrst. Wenn du nun also Nägel und Schrauben in das Holz bringst oder Masche für Masche strickst oder häkelst, dann bist du in Bewegung. Handarbeit und Heimwerken, das hat auch immer etwas damit zu tun, etwas zu erschaffen. Wer am Ende etwas Selbstgemachtes in den Händen hält, kann zu Recht stolz auf sich sein. Das stärkt natürlich das Selbstwertgefühl, das Selbstvertrauen und das Selbstbewusstsein. Wie du bereits weißt, ist all das wichtig, wenn es darum geht, Panikattacken abzumildern.

Ob Stricken, Häkeln, Nähen, Sticken, Holzarbeiten, Modellbau oder das Abreißen von Tapeten: So lange es sich für dich gut anfühlt und du dich dabei entspannen kannst, keinen Leistungsdruck verspürst und zu dir selbst findest, wird es dir helfen, deine Panikattacken in den Griff zu bekommen und diese in ihre Schranken zu weisen, denn die meditativen Eigenschaften, von denen du profitieren kannst, wirken ganzheitlich auf deinen Körper, deine Seele und deinen Geist. Auch wenn du noch nie etwas mit Heimwerken oder Handarbeiten zu tun hattest, lohnt es sich, es auszuprobieren, denn so lernst du nicht nur neue Fertigkeiten und Fähigkeiten, sondern du erlernst auch gleichzeitig eine persönliche Entspannungstechnik.

Quellennachweis

https://www.aok.de/pk/magazin/koerper-psyche/psychologie/was-ist-eine-panikattacke-und-was-hilft-dagegen/

https://www.netdoktor.de/krankheiten/panikstoerung/

https://deximed.de/home/klinische-themen/psychische-stoerungen/patienteninformationen/angststoerungen/panikstoerung

https://de.statista.com/statistik/daten/studie/182616/umfrage/haeufigkeit-von-angststoerungen/

https://www.tagesspiegel.de/wissen/75-prozent-der-psychischen-erkrankungen-vor-dem-24-lebensjahr-5070154.html

http://www.praxis-pikula.de/zahlen-fakten-angststoerungen/

https://www.bundeswehr.de/de/betreuungsfuersorge/ptbs-hilfe/ptbs-test/angststoerung-online-test

https://www.onmeda.de/krankheiten/panik/galerie-panikattacke-symptome-id212785/

https://openup.de/blog/atemuebungen-beruhigen/

https://www.helsana.ch/de/blog/psyche/achtsamkeit/meditation.html

https://www.carpediem.life/a/hilfreiche-tipps-bei-angstzustaenden

https://ruecken-zentrum.de/blog/2016/09/19/uebungen/anleitung-zur-progressiven-muskelentspannung/

https://www.aok.de/pk/magazin/wohlbefinden/achtsamkeit/autogenes-training-eine-anleitung-zur-entspannung/

https://www.yogaeasy.de/artikel/die-wichtigsten-asanas-fuer-anfaenger
https://www.yogamehome.org/yoga-uebungen

https://www.aponet.de/artikel/angst-und-depressionen-nach-alkohol-11774

https://www.cardiopraxis.de/medikamente-koennen-panikattacken-ausloesen/

https://www.ich-habe-auch-angst.de/angst-und-depression-dieses-leidige-ding-mit-dem-selbstwert/

https://www.klinik-friedenweiler.de/aktuelles/psychische-stoerungen-und-der-selbstwert/

https://hellobetter.de/blog/glaubenssaetze/

https://www.br.de/radio/bayern1/selbstgespraeche-100.html

https://www.schmid-schmid.at/blog/beschwerden-a-z/angst

https://www.kompass.de/magazin/inspiration/waldbaden/
https://www.entspannungstrainer-ausbildung.info/mit-mandalas-entspannen/

https://www.royaltalens.com/de/inspiration/schritt-fur-schritt-anleitungen/zeichnen--farben/zentangle/

https://www.tangle-koeln.de/zentangle/wie-wirkt-zentangle/

https://malen-lernen.org/zentangle-anleitung/

https://meingehaekeltesherz.de/5-gruende-haekeln-gesund

Haftungsausschluss

Die Umsetzung aller enthaltenen Informationen, Anleitungen und Strategien dieses Buchs erfolgt auf eigenes Risiko. Für etwaige Schäden jeglicher Art kann der Autor aus keinem Rechtsgrund eine Haftung übernehmen. Für Schäden materieller oder ideeller Art, die durch die Nutzung oder Nichtnutzung der Informationen bzw. durch die Nutzung fehlerhafter und/oder unvollständiger Informationen verursacht wurden, sind Haftungsansprüche gegen den Autor grundsätzlich ausgeschlossen. Ausgeschlossen sind daher auch jegliche Rechts- und Schadensersatzansprüche. Dieses Werk wurde mit größter Sorgfalt nach bestem Wissen und Gewissen erarbeitet und niedergeschrieben. Für die Aktualität, Vollständigkeit und Qualität der Informationen übernimmt der Autor jedoch keinerlei Gewähr. Auch können Druckfehler und Falschinformationen nicht vollständig ausgeschlossen werden. Für fehlerhafte Angaben vom Autor kann keine juristische Verantwortung sowie Haftung in irgendeiner Form übernommen werden.

Urheberrecht

Impressum

www.ingramcontent.com/pod-product-compliance
Lightning Source LLC
Chambersburg PA
CBHW050929260726
48660CB00001B/466